按制度办事

anzhidu

banshi

华商 / 编著

吉林文史出版社
JILIN WENSHI CHUBANSHE

图书在版编目（CIP）数据

按制度办事 / 华商编著 . -- 长春 : 吉林文史出版社 , 2018.12（2019.8重印）

ISBN 978-7-5472-5635-0

Ⅰ . ①按… Ⅱ . ①华… Ⅲ . ①企业管理 Ⅳ . ①F272

中国版本图书馆 CIP 数据核字（2018）第 248169 号

按制度办事

出 版 人　孙建军

编　　著　华　商

责任编辑　陈春燕　　赵　艺

封面设计　韩立强

图片提供　摄图网

出版发行　吉林文史出版社有限责任公司

地　　址　长春市人民大街4646号

网　　址　www.jlws.com.cn

印　　刷　天津海德伟业印务有限公司

开　　本　880mm×1230mm　　1/32

印　　张　6

字　　数　150千

版　　次　2018年12月第1版　2019年8月第2次印刷

定　　价　32.00元

书　　号　978-7-5472-5635-0

前言

　　企业作为社会大群体中的组织，为了规范员工的行为，保证企业有序地运转，需要有一套完整的管理制度。企业的发展和战略实施，需要完善的制度作为保证，而各项制度又是企业精神和战略思想的具体体现。成功的组织之所以成功，归根结底是管理的优势造就了竞争的优势，而管理的优势则是通过制度来体现出来的。制度的制定与实施，是一条潜流于组织整个运行体系中隐形的手，左右着这个组织的生存与发展，决定着其实力的强弱。

　　企业制定制度，就是要求员工在职务行为中遵照相关的制度来一致地行动、工作、办事。让公司员工都按制度办事，就是要把70%～80%的工作都变成标准化的、制度化的、流程化的东西，使整个流程具有可扩展性和可复制性，使整个公司组织变成学习型组织，使这种制度和流程所描述的运行方式成为公司固有的能力。这样即使出色的领导人离开了，公司的能力却仍然存续。通过制度流程，会让公司经营者更多地用更科学的方法来做事情，使公司管理者拍错脑袋的几率降低。

　　按制度办事，还有利于增强企业的核心竞争力。企业的核心竞争力，就在于执行力。而执行是以制度为前提的，管理制度设计得合理，才能让执行事半功倍，甚至获得自动执行。企业整体越是能够按照制度化、流程化的方式运作，就越能够提高自己的核心竞争力，灵活地应对市场，处处占得先机。这就类似于人的身体，之所以能够行动自如，就是因为身体内部是高度协调的整体。

为了帮助企业建立科学有效的制度，提高其生产效率和竞争力，使企业人员真正按制度办事，我们组织专业人员编写了这本《按制度办事》。本书从企业管理者的角度出发，论述了企业管理中普遍涉及的质量控制管理制度、人力资源管理制度、财务管理制度、薪金福利管理制度、安全保卫管理制度等实用范本，并提供了具体工作的相关理论知识、执行方法或流程、实用工具表格，使之具有可操作性，从而使企业管理工作者可以得到实用的考评依据和培训蓝本。

因为每个公司、企业都有其自身的特点和实际情况，所以对于本书提供的制度范本、流程、表格，读者也要做到灵活掌握，对其进行必要的修改或重制，使之能够更加符合自己的公司、企业的实际需要，以确保公司、企业的经营管理科学、高效地运行。

目 录
CONTENTS

第八章　日常事务管理规范文本

第九章　人员选聘录用管理规范文本

第十章　员工薪酬福利管理规范文本

第十一章　人事变动管理规范文本

第十二章　客户管理规范文本

第一章

让制度为企业护航

依法办事，化解法律风险

当前，很多企业的管理者还处在依靠行政手段管理员工的阶段，不是依据企业依法制定的内部规章制度来管理员工，而是依据领导人的个人意志来管理，依据行政手段来管理，管理方式带有很浓的行政或人治色彩。

与劳资相关的法律及条例的变动，改变了企业长期以来宽松的劳动用工管理环境，给企业现有的人力资源管理模式带来了很大的冲击，使企业不得不思考如何改变现有模式。企业在劳动用工管理方面必须改消极、被动的管理为积极、主动的管理，把化解法律风险放在第一位。

1. 依法治企，严格执行与劳动保障有关的法律法规

国家制定和完善一系列的法律法规，旨在促进劳动合同关系的和谐。法律法规就是用人单位进行经营和管理的准则和行为底线，例如，签订劳动合同，按时足额支付工资，缴纳社会保险及最低工资保障等。用人单位违法是劳动争议发生的主要原因，最终用人单位需要支付很高的违法成本。因此要树立依法治企的观念，形成依法管理的氛围，严格执行劳动保障的有关规定，这是

预防劳动争议最有效的途径。

2. 依靠劳动合同和规章制度来管人

基于双方平等自愿签订的劳动合同，是双方行使权利、履行义务的依据。但是劳动合同不能将劳动关系存续期间涉及的方方面面都明确。用人单位必须充分利用法律赋予的制度管理权限，认真制定和完善企业规章制度，用制度管人管事。所谓的用工制度，应当是指建立起符合企业（单位）实际情况的制度体系，包含薪酬、奖惩、绩效、劳动纪律、安全卫生、社会保险与福利以及岗位职责与操作规程等各个方面的规章制度。这些规章制度应当具有合法性、合理性和可操作性。因此，一部完善的规章制度，对用人单位尤为重要。在两者均合法的前提下，劳动合同的效力将高于企业规章制度的效力。

3. 规范日常管理，注重细节，强化证据保留

如建立每个员工的档案，将经员工签收的通知、员工确认的考评表、谈话记录或处罚决定等材料及时入档，这有利于用人单位保护自己的合法权益，也有利于劳动关系的稳定和劳资矛盾的处理。

4. 建立劳动争议处理的内部沟通、申诉与协商机制

法律允许调解，有的还支持调解。比如《劳动争议调解仲裁法》就支持调解，强调劳动关系的和谐。因此，为了化解和消除劳资矛盾，用人单位有必要建立内部沟通、申诉与协商机制。包括：

（1）建立内部沟通机制，保障内部各部门、上下级之间沟通渠道的畅通。可以通过会议形式、谈话形式，或者是文件形式，来传递用人单位的信息，听取员工的意见，消除员工的抱怨和不满。

（2）建立员工申诉机制。企业要管人，不可避免地要处罚违反劳动纪律、操作规程或其他规章制度的员工，这种情况下，劳资矛盾就有可能发生。这就需要提供一个给员工申诉的平台。

（3）建立工会，充分发挥工会的协商作用。很多企业没有建立工会组织。《劳动合同法》明确规定了工会在贯彻《劳动合同法》中的地位和责任，并在多处赋予了工会参与和监督的权力。有条件的用人单位应当重视起来，充分发挥工会的作用。

规章制度一定要合法有效

吴某、刘某两人分别于2005年10月8日、2007年8月23日进入某电子公司工作，离职前12月份两人的月平均工资分别为1185元和1582元。2008年12月28日，该电子公司认为吴某12月26日上班时间已有刷卡记录（7：25），在上班时间内又去刷卡，时间为7：45，有代人打卡的行为。而刘某12月26日上下班均有刷卡记录（7：45、18：56），但部门核实该员工当天没来上班，故有托人代刷卡的行为。电子公司据此认为两人的行为符合该公司《人事行政管理办法》中"代人打卡及托人打卡者，经提报并确定属实，予以开除处分"的规定，将两人开除。

两人对公司的决定不服，认为他们并不存在代人打卡以及托人打卡的行为，电子公司提供的《考勤班制表》（注：显示两人的上、下班的考勤记录时间）和光盘（注：监控录像显示出上述数次的打卡时间段出现于刷卡设备处的均为吴某，而非刘某）系单方制作，两人不予确认。而且他们认为，公司将一次代人打卡的行为认定为严重违反劳动纪律或用人单位规章制度的行为属于定性错误。并且，该电子公司的《人事行政管理办法》既没有经过民主程序制定，也没有向全体员工公示，不能作为定案的依据。据此，两人诉请电子公司支付代通知金、经济补偿金。但电子公司认为代人打卡和托人打卡的行为属于欺骗劳动报酬的行为，性质恶劣，严重违反了劳动纪律，将两人解聘无需支付经济补偿金，符合法律规定。

经过法院调查和双方提供的证据发现，吴某代刘某打卡是事实，电子公司依照规章制度解除与吴某和刘某的劳动关系符合公司管理规定。但电子公司以两人行为符合"代人打卡及托人打卡者，经提报并属实，予以开除处分"的规定为由将两人开除，应就上述规定的合法性负举证责任。但电子公司并未提供任何证据证明该公司的《人事行政管理办法》是通过民主程序制定，并已公示或者告知劳动者，而且也未能证明两人代人打卡或托人打卡的行为对公司造成了严重后果。依据上述调查结果，法院认为两人的行为并未达到《中华人民共和国劳动法》第二十五条第（二）项规定"严重违反劳动纪律或用人单位规章制度"的"严重违反"的程度，因此，该电子公司开除两人不合法，应分别向两人支付经济补偿金和代通知金共5925元、4746元。

为了防止企业滥用内部规章制度的制定权侵害职工的合法权益，法律对企业规章制度的制定规定了相应的监督和制裁办法。不合法的规章制度，在仲裁或诉讼中不能作为审理劳动争议案件的依据。因此，企业制定规章制度时必须注意所制定规章制度的合法有效性。

根据《最高人民法院关于审理劳动争议案件适用法律若干问题的解释》第十九条的规定，规章制度必须符合"民主程序制定""合法""公示"3个条件，才可作为人民法院审理劳动争议案件的依据。此规定实际上确定了规章制度有效性的3个一般条件，3个条件缺一不可，否则就会出现规章制度无效的后果。

根据这3个条件，我们知道，要想使规章制度有效，就必须做到：

1. 履行民主程序

规章制度的制定和修改要履行民主程序，并保留职工代表大会或者全体职工讨论、协商的书面证据。《劳动合同法》第四条规定，"用人单位在制定、修改或者决定有关劳动报酬、工作时间、休息休假、劳动安全卫生、保险福利、职工培训、劳动纪律以及劳动定额管理等直接涉及劳动者切身利益的规章制度或重大事项时，应当经职工代表大会或者全体职工讨论，提出方案和意见，与工会或者职工代表平行协商确定"。在规章制度和重大事项决定实施过程中，工会或者职工认为不适当的，有权向用人单位提出，通过协商予以修改完善。

2.合法性审查

对旧的规章制度进行的合法性审查，包括程序合法和内容合法两个方面。

程序合法是指规章制度的制定必须符合法律规定的程序，如规章制度必须是有权部门制作批准，必须经过职代会或职工大会及法律规定的其他民主形式通过，通过的还必须按法定的民主程序制定。

内容合法，即管理制度的内容不能与现行法律法规、社会公德等相背离。任何有违《劳动合同法》和其他法律、法规的规定在实际中都不能作为有效的法律依据。规章制度不得违反公序良俗。公序良俗是《民法》的一个基本原则，也渗透在其他法律中，是各国法院在使用外国法时的一个保留原则。企业规章制度不仅要在制定时保证它的合法性，随着企业的发展和法律环境的变化，在进行相应的调整、补充、更新时也要保证其合法性，否则当脱节的规章制度遭遇新情况的时候，企业就不可能拿出合理的依据维护自己的利益。

3. 公示

公示是规章制度生效的必要条件，企业对规章制度有向员工告知的义务，员工也有对规章制度的知情权。《劳动合同法》规定用人单位应当将直接涉及劳动者切身利益的规章制度和重大事项决定公示，告知劳动者。

公示的方法一般有：公司网站公布法、电子邮件通知法、公告栏张贴法、员工手册发放法（保留签收记录）、规章制度培训法（保留培训签到记录）、规章制度考试法（保留试卷）等。从举证角度考虑，不推荐网站公布法、电子邮件通知法、公告栏张贴法，因为这3种公示方式都不易于举证。

除以上3条以外，企业制定规章制度时还要规划好哪些是应该写在劳动合同里的，哪些是应该写在规章制度里的。可以把规章制度中一些较为敏感的或职代会难以通过的内容，移植到劳动合同中进行具体说明，这样可以减少企业和工会组织之间的矛盾。还可以把规章制度作为劳动合同的附件，并约定附件与劳动合同具有同等效力。

此外，还要将对违纪员工的处罚细化、量化。我国现行劳动法律、法规对违纪行为的规定使用了大量的程度副词，如"严重违纪""重大损失"等，但对什么是违纪行为、违纪行为达到何种程度才构成"严重违纪"等，却没有作出具体规定，这就需要企业在规章制度中根据不同岗位的要求将其细化和量化。凡是违纪处罚，一定要有书面记录，即使是口头警告，最好也要有书面记录，并在员工档案中保存。

建立加强企业财务管理的制度

在改革开放、经济高速发展的大背景下，大多数企业顺势而为，取得了相当好的发展，但这不过是机遇使然，并不意味着其内部管理水平有多高。特别是一些中小型企业，大都还停留在家族式管理阶段，财务管理的水平也明显滞后于内部其他系统的管理水平，甚至还停留在"记好账、记准账"的阶段，这样的财务管理水平必然会制约公司发展。

可见，加强财务管理，是企业的重点管理要素之一。总的来说，需要注意以下几点：

1. 健全各项财务制度

建立完善的内部控制制度，使财务管理做到有法可依、有章可循，是加强财务监管的最有效途径。经验表明，任何管理，仅靠管理人员的"自律"是不够的，必须要有"他律"的约束。要用制度来规范财务管理行为，防止出现财务管理失控的局面。具体包括财务报告制度、财务评价制度、内部审计制度、资金控制制度、授权制度、预算审批制度、成本费用管理制度、资产管理制度、会计核算制度等，以及以制度的形式对组织机构的设置、人员的委派、权责的分配的规范等。

2. 制定财务战略

财务战略是在充分估计影响企业长期发展的内外环境因素的基础上，为达到财务目标而制定的指导财务活动的总规划和总原则，也就是对企业财务管理所作的长远规划，是围绕财务目标而实施的全局性的行动方案。它由战略思想、战略目标和战略计划3个基本要素确定。作为企业发展战略的组成部分，财务战略可以分为紧缩型战略、稳定型战略和发展型战略3种类型，制约着企业财务活动的基本特性和发展方向。因此，加强财务战略管理，对企业财务管理具有重要意义。

3. 合理筹备资金

资金是企业运行的血液，一旦资金不足，企业就会出现财务危机，生产经营就会面临停顿，甚至导致企业破产。因此，筹备资金、组织资金供应，是企业财务管理的重要任务。企业应当根据自己生产经营和发展战略的需要，确定合理的资金需要量，依法、合理地筹备所需要的资金。

4. 提高资金使用效率和效益

减少现金流失，增加可控现金，在采购环节尽可能实现间接融资即赊购的方式，注重采取多种融资渠道，大力加强组织收入的工作力度，在尽力扩大销售的同时，加强应收账款的管理，实行动态跟踪，加大催收力度，合理谨慎估计坏账额度，加强存货管理，科学、经济、合理采购，加快现金周转速度。通过这一系列管理措施，力求保持现金流量稳定，平衡现金流入与流出的关系，保证企业具有长期稳定的支付能力。此举既是企业应付危机的良策，同时也是保障企业稳定发展的良药。

5. 建立短期财务预警系统，编制现金流量预算

就短期而言，企业理财的对象是现金及其流动性。企业能否维持下去，并不完全取决于是否盈利，而是取决于是否有足够的现金用于各种支出。准确的现金流量预算，可以为企业提供预警信号，使经营者能够尽早采取措施。企业应该将各具体目标汇总，并将预期的未来收益现金流量、财务状况及投资计划等，以数量化形式表达，建立企业全面预算，预测未来现金收支的状况，以周、月、季、半年及一年为期，建立滚动式现金流量预算，从而编制准确的现金流量预算。

6. 加强财务监督与控制

由于企业的生产经营活动必须借助于价值形式才能进行，因此运用现金收支和财务指标实施监督，可以及时发现和反映企业在经营活动和财务活动中出现的问题。财务监督为实施财务控制、改进财务管理、提高经济效益提供了保障，是企业财务管理的一项保障性手段。

财务控制，就是以财务预算和制度规定为依据，按照一定的程序和方式，对企业财务活动进行约束和调节，确保企业及其内部机构和人员全面落实财务预算。其特征是以价值形式为控制手

段，以不同岗位、部门和层次的不同经济业务为综合控制对象，以控制日常现金流量为主要内容。财务控制是企业落实财务预算，开展财务管理的重要环节。

7. 控制成本耗费

降低成本消耗是企业财务管理的一项艰巨任务。结合企业实际，找出成本内容，根据成本内容掌握可控的成本，分析各成本构成要素，确定成本费用可压缩空间，找出控制关键环节点，采取措施，对症下药，寻找一切可能降低成本的途径。

8. 规范重组清算财务行为

企业重组清算，是企业在市场经济条件下实施扩张经营、战略收缩或者增强内力而进行的资本运作措施。在扩张经营的情况下，企业资本聚集，资产和经营的规模扩大，现金流量增大，业务部门或者分支机构增加，财务风险和管理难度也随之增加。在战略收缩的情况下，企业资本减少，资产和经营规模萎缩，现金流量变小，还可能关闭、出售所属机构或者业务部门，甚至对所属企业实施清算，以退出某一市场领域。在增强内力的情况下，企业对内部的业务流程进行再造，对内部机构和人员重新调整，对内部经济资源重新配置，以形成并提高企业整体竞争能力。这些措施是企业为适应市场变化而采取的资本运作。

9. 不断提高财务人员素质

财务管理处于企业管理的核心地位，直接影响企业的经营效益。这就要求财务人员不断学习新知识及新政策，不断充实自己，适应新形势。

用制度防止"家贼"

一位报社记者曾到某针织总厂一职工家造访，映入眼帘的针织品犹如工厂的陈列室，好客的主人将厂里的产品分赠客人，客人惊诧不已："你太破费了！"主人却淡淡一笑："工厂就是我的家厂。"一位工人对记者说："逮到了是你的，逮不到是我的！"一段时间里，厂里破获的治安案件的作案者均是本厂人员。

在这家针织总厂即将倒闭、全面停产时，总厂四周的100多家个体针织作坊却日夜机器轰鸣，其产量可与针织总厂相比。据说早在几年前，有的工人就是早晨进厂报到，然后就到个体厂上班。总厂研制的新产品还未出厂，个体作坊早已将产品推出，抢先占领了市场。个体作坊的机器坏了，自有人到厂里正在运转的机器上换个好的零件来。个体户缺原料了，也会有人从厂内运来。结果，就这样一个针织厂被"拿没了"。

由此可见，企业人、财、物的管理是基础管理，这项工作做不好，即便企业再大，也会被掏空拿光的。

要有效防止"家贼"，有必要先给其分类，然后才能有针对性地加以预防。一般来说，员工盗窃大致分为以下5种类型：

第一，盗用公款（贪污公司资金）。

第二，盗用公司产品或原材料。这种行为既包括在仓库码头装货后再偷偷地把小型卡车倒回仓库码头，私自卸下一些价值昂贵的库存物资，也包括将公司的一盒曲别针拿回家。

第三，盗用公司时间（包括早上迟到、午餐时间过长、在洗手间闲聊、早退、让朋友代打出勤卡等等）。

第四，盗用公司业务设施（用办公室电话打私人长途、用办公室复印机复印个人文件、通过公司的邮寄部门寄发私人信件和包裹等等）。

第五，盗窃公司信息资料（窃取公司秘密、专利、客户名单、营销计划、产品设计、定价方案等等，这类盗窃行为通常被称为"工业或商业间谍"）。

在上述5种盗窃行为中，最受人注意并且最有可能受到指控的就是对公款的盗用。与货币或有价证券打交道的机构，如银行和证券经营机构中，尤其容易出现盗用公款的现象。因个人原因造成的公司亏空甚至高达8位数以上。

预防员工盗窃，仅有思想教育及企业文化建设是不够的，还应从制度上、规范上来加强企业内部的监控体系。

1. 盗用公款的防范

要有一整套检查和互相制约的制度，所有的业务都要由两人以上经手，每张支票都要有两人签字；采购部门的账户同应付账款分立；如果邮件中含有现金或支票，那么应当由一位员工打开邮件，另外一位员工登记现金或支票的数额，然后再由第三人即出纳员将其登记入册；审计应是经常性的，而不是等到需要时才进行；千万不能让一个人负责处理一项交易的所有流程；限制员工在不受监督的情况下加班。有关财务制度可参照正规的财务制度范本制定。

应注意员工盗用公款的迹象。比如，员工的生活方式是其现有的工资所无法负担的、赌博问题、拒绝休假、过多加班、怀疑其有滥用药物问题、借钱过多、个人生活一片混乱、独自占有某些公司文件记录、总是躲躲闪闪等。

2. 盗窃产品的防范

制止员工盗窃产品的最佳途径是加强控制。最容易发生产品盗窃的地方是仓库，应密切监控库存，建立良好的库存制度，除被授权人员以外，限制其他人接近仓库库区。进入库区要求佩戴标志，使用电视监视器，将贵重产品隔开存放，检查员工的包裹，保持警觉。

最可能发生产品被盗的时间是货物进入或离开公司的时候。当货物进入公司的时候，很可能在仓库码头就被转移走了，而根本没有进入仓库大门；而当货物从公司发运出去的时候，则有可能会被运往一个假造的地址。

对盗窃库存的防范应当从加强对货运部门和接收部门的监

控着手。在收到货物时要亲自监督，核对装货单和实际的收据。发运货物要由两个人共同查验，不要把货物留在无人看管的码头上。将所有收到的货物都记录在案，并立即将它们送到指定的库区。

要确保送到货运部门发送的货物与接货单相符，每一次都要按照实际的订货地址发运货物。每一次出货时，都要明确分拣员工或准备订单的员工是谁，在仓库中安装监视器，进行现场检查。经常对实物库存进行盘点，不要过于依靠计算机。

3. 盗用时间的防范

盗用办公时间的行为比较难控制。解决这一问题的最佳策略就是主管经常出现在办公室里，这可以有效地防止员工消极怠工。主管要时常待在办公室里，随时了解办公室中所发生的事情，询问各个项目的进展情况，参与部门的日常活动。打卡制度是记录员工是否按时上下班的一种有效办法，还可以用录像设备防止代替打卡现象，但这种方法并不适用于所有工作环境。当然，一直盗用办公时间的员工是不可能与尽心尽责的员工取得一样的绩效的。因此，对员工的工作绩效进行追踪，能够帮助管理者锁定那些经常盗用办公时间的员工。

4. 盗用设施的防范

当员工使用公司的复印机复印一本800页的小说时，或用公司电话给远在佛罗里达的母亲打长途时，你该怎么办？最好的办法就是控制办公设备本身。安装带有记录使用者姓名功能的复印机，把长途电话功能限制在几部电话上，每月检查通话记录。这样不仅可以确认是谁使用了办公室设备，而且还可以把使用费用分摊到各个部门和各个项目上。

留心观察是另一个有效的方法。时不时拿起复印机内的文件看一看，在一位打了10分钟电话的员工附近不时巡视，看看他的表情有没有什么异常，除非对方是"心理素质过硬"的人，否则你很快就能发现作案者。

5. 盗窃信息资料的防范

控制公司机密外泄是相当重要的，但也是不容易的。由于现在许多公司的机密都被放在电脑里，这样问题就变得更为复杂了。防止信息资料被盗的最好办法是对一些活动加以限制。把研究开发活动与其他活动分开，将资料放在加锁的档案柜里，或加密的电脑文件夹里，使用授权的密码；保留文档查阅者的姓名记录，记录什么时候有员工进入限制区域；限制进入和退出档案的次数。把工作进行分工，这样就没有人能够进入一个项目的所有部分。当有员工离职时，应改变锁具和密码。如果你的下属盗用公司的名誉，或盗用商业资料，为了维护公司的利益，可以按制度的规定立刻解雇该职员；如果情况严重的话，甚至可以考虑采取法律行动。

日常使用的办公用品设有登记制度是必要的，但对于文具，如圆珠笔、记事簿等，就不宜作过分的管制，因为，如果这些常用的物品，也要实施登记制度的话，职员会感到很麻烦。文具的用量，每个部门均有适度的分配，只要情况不太过分，便不宜在这些小事情上花太多时间。

值得一提的是，如果管理者要求下属公私分明，首先必须以身作则，即使一般人认为是微不足道的事情，管理者也最好依循规矩做事，别给人留下话柄，也别给下属留下不良印象。

第二章

财务分析与评估管理规范文本

财务分析与评估管理文案

年度财务分析报告

××××年，公司由于进行了一系列的内部改革及技术改造，完成了产品结构的局部调整，生产经营情况和财务状况明显好转。工业总产值达××万元，比上年增加××%；产品销售收入为××万元，比上年增加××%；利润实现××万元，比上年增加××%；人均创利润达到××万元，比上年增加×倍。

一、利润情况分析

公司本年实现利润××万元，比上年增加××%，净增××万元。产值利润率达××%，销售收入利润率达到××%，创历史最高水平。

（一）属于增加利润的因素，共使利润增加××万元。

1. 由于提高了部分产品价格，利润比去年增加××万元。

2. 产品销售量增加，使公司比上年增利××万元。

3. 技术改造之后，品种结构发生变化，增加新产品×种，增利××万元。

4. 由于减少外协加工部件，公司比去年减少亏损××万元。

5. 由于部分物资消耗定额比去年略有降低，从而使部分产品成本降低××万元。

6. 营业外收入比去年增加××万元。

7. 由于财务费用下降，比去年增利××万元。

8. 投资收益比去年增加××万元。

（二）属于减少利润的因素，共使利润减少××万元。

1. 由于销售成本增加，利润比去年减少××万元。

2. 由于销售收入中扣除增值税，而且增值税税率比去年有所提高，致使利润减少××万元。

3. 销售费用上升，比去年减利××万元。

4. 由于外卖材料亏损，减利××万元。

5. 管理费用上升，减利××万元。

6. 营业外支出增加，相应减少利润××万元。

二、资金情况分析

（一）公司存货积压现象较明显，流动资金紧张，周转情况欠佳，具体表现如下：

1. 本年应收账款周转率为××%，比去年降低××%，主要原因是产品赊销情况较多，货款不能及时回收。

2. 存货周转率为××%，比去年降低××%，主要原因是调整产品结构后，库存钢材有所增加，原积压材料又未能及时处理。

（二）流动资金周转天数为××天，比去年增加××天。

（三）流动比率为××%，尚属正常；速动比率为××%，低于常规水平。

三、成本情况分析

本年度，公司全部商品总成本为××万元，可比产品成本××万元，按去年平均单位成本计算，为××万元，上升××%。

（一）原材料价格变动，导致成本上升××万元。

1. 部分钢材价格上调，使成本上升××万元。

2. 灰铸铁价格上调，使成本上升××万元。

3. 铜材价格上调，使成本上升××万元。

（二）燃料、动力及运费提价，导致成本上升××万元。

1. 煤炭提价××万元。

2. 电提价××万元。

3. 运费提价××万元。

4. 水提价××万元。

（三）工资及附加费增加××万元。

（四）通过"双增双节"活动，部分产品的原材料消耗定额降低，成本下降××万元。

（五）通过落实"增收节支"措施，废品损失比上年减少××万元。

四、费用情况分析

本年度管理费用为××万元，比去年增加××万元；销售费用××万元，比去年增加××万元。主要原因在于汽车、铁路、航空运费普遍涨价及按国家政策调升了员工工资。

财务费用××万元，比去年减少××万元。系归还银行贷款，从而减少利息支出所致。

五、需说明的问题

（一）固定资产盈亏报废情况。

按规定公司以11月末财务账面数为准，对固定资产实物进行盘点，处理盘盈资产××万元，处理盘亏资产××万元，报废清理固定资产××万元。报废固定资产的主要原因：

1.固定资产已超过使用期限，不能维持正常生产。

2.进口设备磨损严重，无备件更换。

3.设计结构落后，耗能高。

以上资产都是经有关部门鉴定、确认后报废的。

（二）坏账损失处理情况。

共处理坏账××笔，金额××万元，其中债务人破产造成坏账损失的××万元，债务人调离或死亡造成坏账损失的××万元。

综上所述，本年公司经济效益良好，这是企业进行技术改造、调整产品结构所产生的结果，也是公司内部改革逐步深化及开展"双增双节"活动所带来的成效。但是，也要看到，由于受整个市场形势的影响，大量货款不能收回，企业内部库存物资清理工作没有很好地开展，导致资金大量占用在应收账款及存货上，这势必会严重影响企业的生产经营活动。按目前的财务状况，至少需补充××万元的流动资金，才能确保生产经营的良性循环。现在，公司技术改造工作虽已局部完成，并已发挥效用，但若彻底进行技术改造还需筹集大笔资金。在明年的工作中，建议公司加强销售收入回收及存货清理、物资管理工作，完成产品结构的全面调整及技术改造工作，加强财务管理，提高资金使用效率，使公司的经济效益更上一层楼。

×× 公司财务部

××× 年 × 月 × 日

资产评估协议书

项目名称：对固定资产、流动资产、无形资产（土地）进行评估

委托单位：×××（以下简称甲方）

评估单位：××× 审计事务所（以下简称乙方）

协议有效期限：××× 年 × 月 × 日至 ××× 年 × 月 × 日。

甲方事项：

一、乙方未按协议规定的要求完成委托项目且无正当理由，甲方可拒付评估费用。

二、甲方有义务向乙方提供所需的真实资料和必要的工作条件，指定有关人员积极配合，如实介绍情况，并负责乙方工作人员在资产评估期间的食宿费用。

三、甲方同意乙方所定的收费标准和支付办法。

乙方事项：

一、乙方为甲方的股份制改造进行资产评估，并对投资方进行产权界定。

二、于××××年×月×日开始资产评估。

三、于××××年×月×日将产权界定报告提供给甲方。

四、乙方按协议约定的内容向甲方出具真实客观的资产评估报告。

五、由于甲方未能履行其义务，使委托项目受阻或无法进行，乙方不承担责任，仍按协议商定的内容收取评估费用。

六、当甲方提供虚假材料，致使乙方无法进行真实的评估工作时，乙方有权拒绝出具报告。

甲乙双方事项：

一、费用估算和结算方法：根据国家收费标准，经双方商定，评估费用为××万元，开始资产评估时，支付评估费用的50%，其余50%出具资产评估报告后结算。

二、双方必须共同遵守本协议，在执行中除不可抗力外，任何一方不得随意终止协议。如有未尽事宜，双方协商，补充内容和协议正文一样具有同等效力。

三、本协议正本一式两份，双方各执一份。

四、本协议自签章之日起生效。

委托方盖章：   受委托方盖章：

负责人：   负责人：

委托日期：   受托日期：

地址：   地址：

电话：   电话：

财务分析表格

财务状况分析表

项 次	检讨项目	检 讨	评 核		
			良	可	差
1	投入资本	□投资事业过多 □增资困难			
2	资金冻结	□严重 □尚可 □轻微			
3	利息负担	□高 □中 □低			
4	设备投资	□过多未充分利用 □可充分利用 □设备不足 □设备陈旧			
5	销售价格	□好 □尚有利润 □差			
6	销售量	□供不应求 □供求平衡 □竞争利害 □销售差			
7	应收款	□赊销过多 □尚可 □甚少			
8	应收票据	□期票过多 □适中 □支票甚少			
9	退票坏账	□甚多 □尚可 □甚少			
10	生产效率	□高 □尚可 □差			
11	附加价值	□低 □尚可 □差			
12	材料库存	□多 □适中 □短			
13	采购期	□过长 □适中 □短			
14	耗料率	□高 □中 □理想			
15	产品良品率	□低 □中 □高			
16	人工成本	□高 □适中 □低			
17	成品库存	□高 □中 □低			
18	在制品库存	□高 □中 □低			

第三章

成本与收益管理规范

anzhidu
banshi

成本与收益管理制度

成本核算管理办法

第一章 总则

第一条 为了认真贯彻执行成本管理的有关法令和制度，以便结合产品各步骤生产特点，准确、合理地计算产品总成本和单位成本，分析成本资料，提供降低成本措施，为销售定价提供依据，特制定本办法。

第二章 产品分类成本的核算对象

第二条 凡经一定的生产工艺过程而出售的产品部件均应进行成本核算。

第三章 成本项目和生产费用

第三条 原料及主要材料项目：各生产过程所耗用的原材料。

第四条 燃料动力：燃料（煤）、电。

第五条 工资：指直接参加生产的员工工资，包括基本工资、生产奖金、超额计件工资、加班工资、夜班费、副食补贴等。

第六条 提取的员工福利费。

第七条 车间经费：车间发生的各项费用，包括车间管理人员的工资，修理工、勤杂工的工资，按比例提取的福利基金、折旧费、修理费、车间办公费、水电费、取暖费、租赁费、保健费、低值易耗品费用、劳保用品费用、在产品盈亏及其他。

第八条 公司外加工费用：因公司外加工项目金额较大，所以和材料应区别计算，以便掌握此项费用的开支数额。另外，这部分外购件保存在半成品库，也应单独立账核算。

第四章 生产费用的汇集和分配

第九条 材料。

1.直接材料：凡直接供给产品制造所需，能直接计入产品成本的原料。

2.间接材料：凡间接用于产品制造，但并非形成产品本质；或虽形成产品本质，但所占成本比例甚微；或不便于计入产品成本的物料，按一定标准（数量或重量）进行分配。

第十条 人工。

1.直接人工：从事直接生产的员工报酬，能直接计入产品成本者。

2.间接人工：从事公司行政、研究等工作及不直接从事生产的员工报酬，以及不能或不便于计入产品成本者，按生产工时进行分配。

第十一条　制造费用。

制造费用系指生产过程中，除直接原料、直接人工外，所发生的其他一切费用。包括间接材料、间接人工及其他费用等。

第五章　产品分步成本的计算方法

第十二条　产品成本核算随步骤的结转而结转，其中一部分转入成品（卖出部分），一部分转入下道工序，转入下道工序的成本，分项加入成本项目中。

第十三条　半成品成本的核算：上道工序的半成品，分项目加在本车间内成本中，材料按重量分配，其他成本按工时分配。

第十四条　半成品和外协件领用的核算：对领用的材料半成品件和外协件进行加工时，其材料成本能直接计入的直接计入，不能直接计入的按量分摊，其他项目按耗用工时分配。

第十五条　组装成本的核算：材料能直接计入的直接计入，不能直接计入的按量分摊。

第十六条　辅助生产的核算：按提供的劳务时间分配，互相提供劳务则一次分配。

第六章　定额控制、分析考核

第十七条　按消耗定额、工时定额和费用定额制定单位计划成本，再按计划成本考核各产品部件的成本完成情况和经济效益的高低。对发生的差异要进行分析，找出原因，提出改进措施。

第七章　关于费用的核算管理

第十八条　各项费用开支本着节约的精神，严格按费用定额考核。

第十九条 各车间直接购入的费用，除有发票外，必须附有车间领料单，写明数量金额，并要求车间负责人签章，财会与车间同时记账。

第二十条 由仓库领用的费用，车间开领料单，仓库划价，一式三份，车间、仓库同时记账，月终28日前仓库和车间核对后报财务部。

第二十一条 各部门、车间的办公用品，由公司总务部负责考核指标，并负责在领用单上划价，一式三份，三方记账（公司总务部、车间、财务部），月终25日前公司总务部把本月盘点表金额和各部门车间领用的价值报到财务部。

第二十二条 财务部要分部门计算费用的使用数额，定期公布超支节余情况。

第八章 材料成本管理

第二十三条 关于材料的管理。

1. 材料账要求不出现赤字。

2. 领料应尽量由专人负责，凡能确定的一定要填写用途。

3. 材料在领退库方面，分4种情况处理：

（1）车间一次领出易耗材料，存放于车间，月终由车间负责实际盘点，办理假退库手续。

（2）一般材料归库负责管理，每月要清点一次，车间要实事求是地领料，车间领出的料，月末要盘点退库，按实领数作为当月的消耗。

（3）半成品要按本月生产数加本月卖出数领料，车间卖出数开半成品入库单，连同提货单一起交半成品库，由半成品库记账。进料时要准确，要通知仓库点数。

（4）其他价值较大的材料则要求车间用多少领多少，车间月末不办理假退库手续。如车间月终存量过大，则应办理假退库手续。

4.由车间卖出材料时，要由车间办理退库手续，连同提货单一并交库。

5.供销仓库组负责费用定额的考核，并要按定额储备。

第二十四条　关于半成品的管理。

1.半成品库应将半成品和成品件、外协件分开保管、记账。

2.半成品入库应同时有入库单。外协件入库要随时开入库单，月终结算时要和发票对照无误，要凭提货单和领料单提货。

3.半成品领用和卖出部件时，要凭提货单和领料单提货。

4.半成品库要账、卡、物相符，出入库手续制度健全，建立定期的盘点制度，及时提供盘点表。

5.半成品一定要通过半成品库，以便计算半成品件数。如果车间和班组直接转递时，可同时写一张入库单（入库部门的）和一张领料单（领用部门的）一起交半成品库，由半成品库组记账。

6.车间必须对生产和领用的半成品件进行统计和核算。

7. 车间小组长必须在月末对半成品进行盘点，把盘点表交车间核算员。

8. 成品库组备发的半成品件月末也须盘点，并把盘点表报财务部。

9. 关于半成品的废件，要分别存放，不进行盘点。次件要分别盘点和存放。关于废件要由技术质量部拟出管理程序，按制度办事，不得任意处理。

第二十五条　成本室应在每月底，根据"制造费用明细分类账"编制"制造费用汇总表"及"制造费用分摊表"。按各服务部门制造费用摊入各成本中心，其传票分录为，借："在制品"；贷："制造费用"。同时分别登录于"在制品明细分类账"及"制造费用明细分类表"。

第二十六条　生产部应在次月3日前，呈送下列生产月报表。制一部生产月报表、制二部生产月报表、制三部生产月报表、材料月报表。以上各报表应一式两联，第一联自存，第二联送成本室。

第二十七条　成本室根据上列报表，编制原材料、在制品、制成品的"收发存明细表"。

第二十八条　成本室根据"耗用直接材料明细表""制造费用"及"直接人工汇总分摊表"，计算制成品及在制品的单位成本和总成本，同时编制"成本计算表"。

第二十九条　成本室根据会计室编制的"销货明细表"再编

制"产品规格类别损益表"。

第三十条　成品的单位成本采用加权平均法计算。其公式为：

（上月底结存总金额＋本月生产总金额）/（上月底结存量＋本月总生产量）

第三十一条　成本室根据成本计算表来编制传票。其分录为，借："制成品"；贷："在制品"。同时登录于"在制品明细分类账"及"制成品明细分类账"。

第三十二条　成本室根据"收发存明细表"核对发票后，编制传票。其分录为，借："销货成本""推销费用"或"制造费用"；贷："制成品"。

第三十三条　成本室于每月结算工作完成后，应将其有关的成本报表汇送会计室，供汇订财务报表用。

第九章　附则

第三十四条　本办法经公司总经理核准后颁布实施。

利润中心管理制度

第一章　总则

第一条　为加强公司各部门的管理，确保公司利润的最大化，特制定本制度。

第二章　组织原则

第二条　根据公司业务及管理的需要，将公司分成管理、经销、直销3个事业部，各事业部设经理1人，全权负责各部的经营。

第三条 直销事业部之下，设独立工作的若干利润中心，依其所定的方针及分配的盈利目标，经营该中心所属资源，执行盈利活动。

第四条 管理事业部负责支援直销、经销事业部的经营，其下设：

1. 总务人员：分别支援各部的常务、人事工作。

2. 财务会计：为各部提供管理所需情报，协助办理有关账务及财务调度与收支。

3. 资材：为商品、零件品、包装材料等提供采购与仓储服务。

4. 修护：加强售后服务并为各部修护故障品。

5. 企划：开发新产品，分析各部的经营管理状况，研究有效的经营管理方式，协助各部提高其经营效能。

第三章 管理方式

第五条 公司最高执行主管为总裁，总裁执行公司年度投资报酬率目标的全盘经营工作。

第六条 各事业部负责人（经理）秉承总裁的指示，指挥所属利润中心，负责执行各部的年度盈利目标，如不能达到盈利目标，应自行让贤或另调他职。

第七条 管理事业部的费用应计入商品成本内，并加上合理的利润，做内部计价转拨于经销、直销事业部。

第八条 如经营所需，各事业部可经总裁批准，向管理事业部贷款，计息方式如下：

1. 各事业部所需周转金的利息以月息×%计算。

2. 各事业部为增添生产器具而贷款，以月息×%计收利息。

第九条　每月10日前，管理事业部列报各事业部的资产负债表及损益表，供各事业部负责人及总裁决策之需，同时列报各所属中心的成本费用，用做事业部负责人管理的依据。

第十条　各事业部一切对外承诺、签约等事项，均由管理事业部代表统筹办理（营业活动除外）。

第十一条　各事业部对人事任免、调动、核薪及有关从业人员福利等事项，均有参与决定权，须依公司的规定，由管理事业部统筹办理并发布。

第十二条　商品有关手续。

1. 订货流程：

订货人（店长或经销商负责人）开立订货单→事业部主管核准→总裁核备→管理部备货。

2. 送货流程（管理部主动配销的流程亦同）：

管理部（物料）开立送货单→管理部主管核准→送货单连同商品点发→事业部点收→送货单签回→管理部。

3. 退货流程：

退货单位开立退货单→退货单位主管核准→退货单连同故障品运回管理部点收→退货单签回事业部。

4. 上列的订货单、送货单、退货单均须顺日期、顺编号，当日送出，不得积压。

5. 事业部商品销货或退回，须按统一发票办法及营业税法的规定办理。

第十三条 财务会计事务办理规定。

1. 原则上各事业部有关现金与票据的收付，均集中于管理部财务单位办理，对于零星开支，各事业部可设定周转金额，凭单据先予支付，每周列清单报销一次。各中心的周转金额视业务需要另定。

2. 管理部财务单位每日应就已执行的收支传票按事业部所属各中心，分别编制库存现金日报表。

3. 支出原始凭证，均须由事业部经手人签章及其主管的核章，始可支付，其权限在3000元以上者均须由事业部负责人核定。

4. 各事业部财务不独立，但历月及会计年度终了，须分别计算盈亏。

5. 事业部相互间商品的调拨，由拨出部门开立"事业部物品调拨单"，该单一式三联，拨入、拨出部门各存一联，另一联送财务会计单位保存，按成本计算入账的金额，不计算"内部利益"。

第四章 资产划分

第十四条 事业部应于成立之初建立资产与负债。

1. 公司现金由各中心申请贷款为周转金，以转款方式拨入各事业部的内部账户，现金保管于管理部财务会计单位。

2. 设备按各部实际需要，划分于各事业部。

3. 零件品、成品依实存量拨归各事业部。

4.依资产与负债的比例将公司现有负债分配于各事业部。

第十五条　各部为争取更多利润而必须新添生产器具、设备时，如周转金不足，可拟具计划，经总裁批准后向管理部贷款，但需照上列规定计息。

第十六条　利润中心实施之日，应将管理部一次点交的设备视为事业部的资本，一次点交的零件品、成品视为事业部的周转金。点交数应按事业部所属中心分别列册，并由各中心切实保管与运用。

第十七条　各事业部对于原有的生产器具、设备等无法使用需丢弃或出售者，应叙明详情呈总裁核准后，始可处理。

第五章　奖励及分配

第十八条　年度终了，当结算盈余时，应按盈余先减除所得税，税后剩余额优先弥补上年度亏损，再计提公积金以及发放股息、从业人员奖励金等。

第十九条　各事业部应得的从业人员奖励金额，由各事业部经理全权分配该奖励金额于所属人员。

第二十条　原则上应于次年2月底前，发放各事业部当年度结算的奖励金。

第二十一条　任何事业部门均不得以任何理由在年度进行中，以预支或暂支名义发放奖金。

第二十二条　各事业部经管财物，于年终盘点时，如发现有短缺，需在发放奖金时扣回。

第二十三条 有关事业部目标编定以及绩效评估另依有关规定办理。

第六章 附则

第二十四条 本制度呈总裁核准后实施,修正时亦同。

成本分析文案

成本影响情况报告

×××:

公司本年度共生产特制××2万只,每只单位成本300元,计划废品率为8%,而实际废品率为12%。废品可收回残值只占原成本的15%,即45元。由于废品率提高,对产品单位成本也产生了较大的影响。

1. 计划产品单位成本在没有废品产生情况下的成本是300元。

2. 按原定的废品率8%计算,废品发生后产品的单位成本为322.17元。

依公式:全部成本-〔(全部成本×废品率)×废品可收回残值占原废品成本%〕/总产量(1-废品率)

计算结果是322.17元/只。

3. 由于产品生产过程中，有8%废品率的产生，即废品损失导致产品成本的提高。计算结果如下：

（322.17－300）/300×100%＝7.39%

4. 废品率由8%上升到12%，对单位产品的影响结果是：

每只单位产品成本是334.77元。

产品成本率提高了11.59%。

通过上述计算表明：本年度由于放松了对质量的管理，缺乏质量检查监督检测的措施，使废品率由8%提高到12%，使产品成本提高了4.2%（即11.59%～7.39%），每件产品成本提高12.60元，结果使公司提高了产品成本，带来负面效应252000元。

××市××厂财务部

××××年×月×日

成本控制文案

成本控制建议书

××总经理：

我公司生产的电控产品近几年由于成本高，市场竞争能力已相对减弱，经与广东、上海等地同类、同规格商品在价格上进行比较，我公司生产的产品都高于广东和上海。对此，我们认为，应从日常成本控制入手，逐步扭转成本过高的局面。结合本公司实际，建议采取以下方式加强日常成本控制：

第一，建立健全生产耗用材料目录，尤其是对材料库存数量和金额应制定出最高库存限额标准。目前，我公司积压材料较多，据查，总额已达150万元，其中仅油漆一项，按生产耗用可使用62年之久，因而严重影响了公司资金的周转。这表明，由于没有材料库存最高限额而给公司带来的经济损失是比较严重的。

第二，对现有的生产材料耗用定额应定期进行修订，以杜绝材料耗用上的损失浪费。现阶段所用的材料耗用定额偏高，仅铜料一项耗费量就十分惊人。现有定额每件产品耗铜料0.5公斤，经实地检测，每件产品实际耗用铜料为0.35公斤，若在责任心强的工人手中，其耗费仅为0.3公斤。若按每月产量2万件计算，每月可节约铜料3000公斤，节约金额可达2.4万元。由于材料消耗定额偏高，操作中不注意铜料的节约，浪费很严重。有的员工用铜料加工各种民用品，也有个别员工将节余的铜料窃为己有。故我们建议材料消耗定额应尽早修订，使之合理化，既不浪费，又可满足产品用料要求。对于材料消耗超定额部分应实行限额议价处理，以加强有关生产岗位的责任感。

第三，建议实行成本标准控制。这种控制可从两方面进行：一是劳动定额标准，即制定劳动作业时间标准以及单位时间的产量。二是成本预算标准。凡是制定了岗位责任的场所，均应按业务量制定出相应的费用支出预算；在执行中如有超过预算的，要单独办理追加预算的报批手续。

第四，建议实行制度上的控制，即根据有关的财务会计制度，并结合我公司的经营情况制定出有关成本控制的制度，如《汽车司机及押运人员差旅费管理办法》、《材料节约奖励办法》、《物资出入库制度》和《计件超额奖励办法》等。这些制度的建立，在控制成本以及保证标准成本的执行上都可起到积极作用。

第五，建议实行反馈控制，即在成本控制过程中，应强调反馈责任，建立反馈制度。各有关部门应定期向公司生产管理部报送"成本计划执行情况报告""材料消耗定额执行情况报告"和"预算差异因素分析报告"等，以考核各岗位业绩，评议奖罚。

第六，加强产品质量检测工作，消除废品的产生，将废品率降至0.5%以内，直至无废品。

第七，在健全和完善公司内部银行资金管理核算的基础上，进一步完善公司内部"购料"制度，实行一手钱、一手货、钱货两清的核算制度，以杜绝材料消耗上的损失浪费。

以上建议，请领导审议。

××电控设备股份有限公司财务部

××××年×月×日

增产节支计划书

为了增强本公司产品的市场竞争力，最大限度地降低产品成本，力求以最少的物化劳动和活劳动投入创造更大的经济效益，应发动全公司员工深入、广泛地开展增产节约活动。

公司的奋斗目标：全年度变压器比去年增产28%以上，费用节约250万元。

一、努力增加生产

变压器是发展电力工业、关联工农业生产的重要产品。去年完成了变压器140万千伏安，今年计划生产180万千伏安，增产40万千伏安，增长率为28.5%。具体措施是：

1. 加强对经济工作的领导，特别要加强对技术工作、公司的管理和生产指挥系统的领导。

2. 加强科学管理，按照工时定额、设备能力和工艺装备组织生产，充分发挥生产能力。

3. 狠抓关键，集中力量攻克高电压、大容量变压器中存在的技术问题。安排生产坚持难易结合，做到均衡生产。

4. 深入开展以优质、高产、低耗、安全和多积累为主要内容的劳动竞赛，严格奖惩制度，做到多贡献、多得奖。

二、进一步提高产品质量

1. 组织全体员工学技术、学管理，提高技术水平，使每个操作人员都能掌握现代生产技术，以适应生产发展和提高产品质量的需要。

2. 改进生产工艺，保证产品质量的提高。全年计划减少返工工时5000个，节约返工成本20万元。

3. 在质量管理中做好三接三检工作，做到不合格零件不到下道工序，不合格产品不出厂。进行用户访问，实行三包，不断改进产品设计，不断提高质量，稳定一等品水平，争创优等品。

三、积极降低消耗

从我公司变压器成本的构成因素来分析，××××年，原材料比重已占83.19%，因此，××××年，公司把降低消耗、节约原材料作为增产节支的一个重要工作来抓，全年节约原材料费用170万元。

1. 提高钢材、矽钢片利用率，加强材料套裁利用，做到投料算了用、大小套着用、余角边料综合用。我公司钢材利用率去年为93.71%，今年争取提高到94%；矽钢片利用率计划由去年的95.39%提高到95.5%。全年预计用钢材2000吨，从利用率提高上节约7.5吨，节约额10万元。

2. 建成第一车间和第一仓库，即修旧利废车间和仓库。修复利用已损坏的开关、闸刀、电气设备、电动机及工具等，节约开支20万元。

3. 做好废旧物资回收工作，全年回收废钢材70吨、有色金属10吨。

4. 进行产品设计改革，从改进产品设计中要效益。

××公司财务部

×××年×月

第四章
账款管理
规范文本

问题账款管理制度

问题账款管理办法

第一条 为维护本公司与营业人员的权益，特制定本办法。

第二条 "问题账款"，系指本公司营业人员于销货过程中所发生的被骗、被倒账、收回票据无法如期兑现或部分货款未能如期收回等情况的案件。

第三条 因销货而发生的应收账款，自发票开立日起，满两个月尚未收回，亦未按公司规定办理销货退回者，视同"问题账款"。

第四条 "问题账款"发生后，该单位应于二日内，据实填妥"问题账款报告书"，并检附有关证据、资料等，依序呈请单位主管查证并签注意见后，转请法务室协助处理。

第五条 前条报告书上的基本资料栏，由单位会计人员填写；经过情况、处理意见及附件明细等栏，由营业人员填写。

第六条 法务室应于收到报告书后二日内，与经办人及单位主管会商，了解情况后拟定处理办法，呈请总经理批示，并即协助经办人处理。

第七条 经指示后的报告书，法务室应即复印一份通知财务部备案。如为尚未开立发票的"问题账款"，则应另复印一份通知财务部备案。

第八条 经办人填写报告书，应注意以下事项：

1. 务必亲自据实填写，不得遗漏。

2. 发生原因栏如勾填"其他"时，应在括弧内简略注明原因。

3. 经过情况栏应从与客户接洽时，依时间的先后，逐一载明至填报日期止的所有经过情况。本栏空白若不敷填写，可另加粘白纸填写。

4. 处理意见栏供经办人拟具赔偿意见之用，如有需公司协助者，亦请在本栏内填明。

第九条 报告书未依前条规定填写者，法务室应退回经办人，请其于收到原报告书两天内重新填写提出。

第十条 "问题账款"发生后，经办人未依规定期限提出报告书，请求协助处理者，法务室可不予受理。逾15天仍未提出者，该"问题账款"应由经办人负全额赔偿责任。

第十一条 会计人员未主动填写报告书的基本资料，或单位主管疏于督促经办人于规定期限内填妥并提出报告书，致使经办人应负全额赔偿责任时，该单位主管或会计人员应连带受行政处分。

第十二条 "问题账款"处理期间，经办人及其单位主管应与法务室充分合作，必要时，法务室须借阅有关单位的账册、资料，并须请求有关单位主管或人员配合查证，该单位主管或人员不得拒绝或借故推托。

第十三条　有关人员销售时，应负责收取全部货款，遇倒账或收回票据未能如期兑现时，经办人应负责赔偿售价或损失的50%。但收回的票据，若非统一发票抬头客户正式背书，因而未能如期兑现或交货尚未收回货款，且不按公司规定作业，手续不全者，其经办人应负责赔偿售价或损失的80%。产品遗失时，经办人应负责赔偿底价的100%。上述赔偿应于发生后即行签报，若经办人于事后追回产品或货款时，应悉数缴回公司，再由公司就其原先赔偿的金额依比例发还。

第十四条　法务室协助营业单位处理的"问题账款"，自该"问题账款"发生之日起40天内，尚未能处理完毕，除情况特殊经报请总经理核准延期赔偿者外，财务部应依第十三条的规定，签拟经办人应赔偿的金额及偿付方式，呈请总经理核定。

第十五条　本办法各条文中所称"问题账款"发生之日，如票据能兑现，系指第一次收回票据的到期日，如为被骗，则为被骗的当日；此外的原因，则为该笔交易发票开立之日起算第60天。

第十六条　经核定由经办人先行赔偿的"问题账款"，法务室仍应寻求一切可能的途径继续处理。若事后追回产品或货款时，应通知财务部于追回之日起4天内，依比率一次退还原经办人。

第十七条　法务室对"问题账款"的受理，以报告书的收受为依据，如情况紧急时，须由经办人先以口头提请法务室处理，但经办人需于次日补具报告书。

第十八条　经办人未据实填写报告书，致使妨碍"问题账款"的处理者，除应负全额赔偿责任外，法务室并须视情节轻重签请惩处。

第十九条　本办法总经理核准后公布实施，修正时亦同。

呆账管理办法

第一条　为了有效处理呆账，保证资金的流畅，特制定本办法。

第二条　各分公司应对所有客户建立"客户信用卡"，并由业务代表依照过去半年内的销售实绩及信用的判断，拟定其信用限额，经主管核准后，转交会计人员善加保管，并填记于该客户的应收账款明细账中。

第三条　信用限额系指公司可赊销某客户的最高限额，即指客户的未到期票据及应收账款总和的最高极限。任何客户的未到期票款，不得超过信用限额，否则应由业务代表及业务主管、会计人员负责，并对所发生的倒账负赔偿责任。

第四条　为适应市场，并配合客户的营业特点，每年年中和年末两次，由业务代表呈请调整客户的信用限额，核定方式如第二条。

第五条　业务代表所收受支票的发票人非客户本人时，应交客户加盖签章及签名背书，经分公司主管核阅后缴交出纳，若因疏忽所招致的损失，则由业务代表和主管各负一半的赔偿责任。

第六条　各种票据按记载日期提示，不得因客户的要求不提示或迟延提示，但经分公司主管核准者不在此限。催讨换延票时，原票尽可能留待新票兑现后返还票主。

第七条　业务代表不得以其本人的支票或代换其他支票充缴货款，如经发现，除应负该支票兑现的责任外，还以侵占货款依法追究其刑事责任。

第八条　分公司收到退票资料后，倘退票支票属发票人时，则分公司主管应即督促业务代表于一周内收回票款。倘退票支票有背书人时，应即填写"支票退票通知单"一式两联，一联送背书人，一联存查，并进行催讨工作，若因违误所造成的损失，概由分公司主管、业务代表共同负责。

第九条　各分公司对催收票款的处理，在一个月内经催告仍无法达到催收目的，其金额在2万元以上者，应即将该案移送法务室依法追诉。

第十条　催收或经诉讼案件，有部分或全部票款未能收回者，应出具公安机关证明、邮局存证信函及债权凭证、法院和解笔录、申请调解的裁决凭证、破产宣告裁定等，其中任何一种证件，送财务部做冲账准备。

第十一条　业务代表应防止而未防止或有勾结行为者，以及没有合法营业场所或虚设行号的客户，不论信用限额如何，全数由业务代表负赔偿责任。送货签单因归罪于业务代表的疏忽而遗失，以致货款无法回收者亦同。

第十二条 未核定信用限额或超过信用限额的销售而招致倒账，其无信用限额的交易金额，由业务代表负全数赔偿责任。而超过信用限额部分，若经会计或主管阻止者，全数由业务代表负责赔偿；若会计或主管未加阻止者，则业务代表赔偿80%，会计及主管各赔偿10%。

第十三条 设立"客户信用卡"未满半年的客户，其信用限额不得超过人民币2万元。

第十四条 各分公司业务主管，业务代表于其所负责的销售区域内，容许呆账率（即实际发生呆账金额除以全年销售净额的比率）设定为5‰。

第十五条 各分公司业务主管、业务代表其每年发生的呆账率超过容许呆账率的惩处如下：

1. 超过5‰，未满6‰，警告一次，减发年终奖金10%。

2. 超过6‰，未满8‰，申诫一次，减发年终奖金20%。

3. 超过8‰，未满10‰，记小过一次，减发年终奖金30%。

4. 超过10‰，未满12‰，记小过二次，减发年终奖金40%。

5. 超过12‰，未满15‰，记大过一次，减发年终奖金50%。

6. 超过15‰，即行调职，不发年终奖金。

第十六条 各分公司业务主管、业务代表其每年发生的呆账率低于5‰时的奖励如下：

1. 低于5‰，高于4‰，嘉奖一次，加发年终奖金10%。

2. 低于4‰，高于3‰，嘉奖二次，加发年终奖金20%。

3. 低于3‰，高于2‰，记小功一次，加发年终奖金30%。

4. 低于2‰，高于1‰，记小功二次，加发年终奖金40%。

5. 低于1‰，记大功一次，加发年终奖金50%。

第十七条　各分公司业务主管、业务代表以外人员的奖励，于该分公司本年所发生的呆账率低于容许呆账率时实行。内容如下：

1. 低于5‰，高于4‰，每人加发年终奖金5%。

2. 低于4‰，高于3‰，每人加发年终奖金10%。

3. 低于3‰，高于2‰，每人加发年终奖金15%。

4. 低于2‰，高于1‰，每人加发年终奖金20%。

5. 低于1‰，每人加发年终奖金25%。

第十八条　分公司因倒账催讨回收的票款，可作为其发生呆账金额的减项。

第十九条　法务室依第九条接受办理的呆账，依法催讨收回票款减诉讼过程的一切费用的余额，其承办人员可获得如下奖金：

1. 在受理后6个月内催讨收回者，得余额20%的奖金。

2. 在受理后1年内催讨收回者，得余额10%的奖金。

第二十条　依第十二条已提列坏账损失或已从呆账准备冲转的呆账，业务人员及稽核人员仍应视其必要性继续催收，催回者获得收回票款30%的奖金。

第二十一条　本办法的呆账赔偿款项，均在该负责人员的薪资中，自确定月份开始，逐月扣赔，每月的扣赔金额，由其主管签呈核准的金额为准。

第二十二条 本办法自颁布之日起实施。

账款管理表格

应收账款分析表

月份	销售额	累计销售额	未收账款	应收票据	累计票据	未贴现金额	兑款金额	累计金额	坏账金额	退票金额
1										
2										
3										
4										
5										
6										
7										
8										
9										
10										
11										
12										
分析										

应收账款控制表

年　　月　　日

厂家名称	上月应收账款	本月出资	本月减项				本月底应收账款
			回款	退款	折让	合计	
合计							
%							

核准：　　　　　　　　　　复核：　　　　　　　　　　制表：

应收账款控制表

编号：　　　　　　　　年　　月　　日　　　　　第　　页

客户名称							
预定收款日期	月		日	午	时	分	
项　次	统一发票			货单号码	金额	收款情况与说明	
	月	日	字号				

主管：　　　　　　　　　　会计：　　　　　　　　　　制表：

第五章

生产设备管理

规范文本

生产设备综合管理制度

生产设备管理规定

第一章 总则

第一条 企业设备管理的好坏，对于产品的质量、品种、产量及减轻劳动强度，提高劳动效率以及减少原材料消耗，降低产品成本等具有极其重要的作用。

第二条 设备管理工作的内容包括从设备进厂验收、安装、使用、维护保养、检查修理到配件的生产、设备的改造、更新，以及日常的登记、保管、调拨、报废等一系列工作。设备管理的任务，是要保证设备在物质运动的全过程中，自始至终保持良好的技术状态。

第三条 为了保证有效地实现设备管理目标，必须坚持以预防为主、维护保养与计划检修并重和先维修后生产的原则，正确使用，精心保养，合理润滑，安全生产。设备管理部门和生产部门共同负责，做好包括使用、保养、检查、修理等设备管理工作，正确处理好生产与维修的关系。

第二章 设备技术状况

第四条 设备技术经济指标。

1. 设备完好率

表示设备技术状态的完好程度，是检查企业设备管理和维修工作水平的重要指标。其计算公式为：

设备完好率=完好的设备台数/设备总台数×100%

设备总台数是指本企业已安装的全部生产设备，包括在用、停用、封存、停机待修和正在检查的所有设备，不包括尚未安装和由基本建设部门管理、物资部门代管的设备。完好设备台数是指设备总台数中完全符合设备完好标准的台数。

2. 设备故障率

它是指因设备发生故障而停机的时间占设备运转时间的百分比。计算公式为：

设备故障率=设备故障停机时间/设备运转时间×100%

3. 维修费用效率

它是指单位维修费用所能生产的产品产量。计算公式为：

维修费用效率=产品产量（件或吨）/维修费用×100%

4. 单位产品（或万元产值）维修费用

单位产品（或万元产值）的维修费用=维修费用/产品产量（或总产值）

5. 平均单台设备年维修费用

平均单台设备年维修费用=年维修总费用/年投入使用设备总

台数

第五条 对所有设备按其技术状况、维护状况和管理状况分为完好设备和非完好设备，并分别制定具体参考标准。

第六条 各部门的生产设备必须完成上级下达的技术状况指标，即考核设备的综合完好率。

第七条 设备管理部门要分别制定出年、季、月度设备综合完好率指标，并层层分解落实到岗。

第三章 设备运行动态管理

第八条 设备运行动态管理。

是指通过一定的手段，使各级维护与管理人员能掌握设备的运行情况，依据设备运行的状况制定相应措施。

第九条 建立健全系统的设备巡检措施。

各作业部门要对每台设备，依据其结构和运行方式，定出巡检点、内容、正常运行的参数标准，并针对设备的具体运行特点，对设备的每一个巡检点，确定出明确的检查周期，一般可分为时、班、日、周、旬、月检查点。

第十条 巡检保证体系。

生产岗位操作人员负责对本岗位使用设备的所有巡检点进行检查，专业维修人员要承包对重点设备的巡检任务。各作业部门要根据设备的多少和复杂程序，确定设置专职巡检员的人数和人选，专职巡检员除负责承包重要的巡检点之外，要全面掌握设备运行动态。

第十一条 信息传递与反馈。

1. 生产岗位操作人员巡检时，发现设备不能继续运转需紧急处理的问题，要立即通知当班调度，由值班负责人组织处理。一般隐患或缺陷，检查后登入检查表，并按时传递给专职巡检工。

2. 专职维修人员进行的设备点检，要做好记录，除安排本组处理外，要将信息向专职巡检工传递，以便统一汇总。

3. 专职巡检工除完成承包的巡检点任务外，还要负责将各方面的巡检结果，按日汇总整理，列出当日重点问题并向有关部门反映。

4. 有关部门列出的主要问题，除登记台账之外，还应及时输入电脑，便于上级公司有关部门的综合管理。

第十二条 动态资料的应用。

1. 巡检工针对巡检中发现的设备缺陷、隐患，提出应安排检修的项目，纳入检修计划。

2. 巡检中发现设备缺陷，必须立即处理的，由当班的生产指挥者即刻组织处理；当班不能处理的，由多作业部门领导确定解决方案。

3. 重要设备的重大缺陷，各作业部门主要领导组织研究，确定控制方案和处理方案。

第十三条 薄弱环节的立项。

1. 运行中经常发生故障反复处理无效的部位。

2. 运行中影响产品质量和产量的设备（或部位）。

3. 运行达不到小修周期要求，经常要进行计划外检修的部位（或设备）。

4. 存在安全隐患，且日常维护和简单修理无法解决的部位（或设备）。

第十四条 薄弱环节的处理。

1. 有关部门要依据动态资料，列出设备薄弱环节，按时组织审理，确定当前应解决的项目，并提出改进方案。

2. 各作业部门要组织有关人员对改进方案进行审议，审定后列入检修计划。

3. 设备薄弱环节改进实施后，要进行效果考察，作出评价意见，经有关领导审阅后，存入设备档案。

第四章 使用设备管理

第十五条 各类设备使用前，设备管理人员要与人事部配合，组织使用人员接受操作培训，工程部负责安排技术人员讲解。

第十六条 使用人员达到会操作、清楚日常保养知识和安全操作知识、熟悉设备性能时，工程部签发设备操作证，上岗操作。

第十七条 机器开动和停车时，必须事先口头通知本工区所有人员，停车后不准乱开马达，在生产过程中，发现机器有异常现象，应立即停车，并通知有关人员检修。

第十八条 机器设备发生故障或严重事故时，应坚持"三不放过"，保护现场，并报告班组长和有关人员处理。

第十九条　所有动力设备，不经车间、设备科、电工或机修工人允许，不准乱修、乱拆，不准在电气设备上搭湿物和放置金属类、棉纱类物品。

第二十条　使用人员要严格按操作规程工作，认真遵守交接班制度，准确填写规定的各项运行记录。

第二十一条　不经领导批准，不准拆卸或配用其他人员的机器零件和工具。

第二十二条　对不遵守操作规程或玩忽职守，使工具、机器设备、原材料、产品受到损失者，应酌情给予经济处罚和行政处分。

第五章　新增设备管理

第二十三条　各部门需增置的设备经批准购买后，须报设备管理部门备案。

第二十四条　经设备管理部门进行可行性方面的技术咨询，方可确定装修项目或增置电器及机械设备。

第二十五条　为保证设备安全、合理使用，各部门应设一名兼职设备管理员，协助设备管理部门人员对设备进行管理，指导本部门设备使用者正确使用操作规程。

第二十六条　设备项目确定或设备购进后，设备管理部门负责组织施工安装，并负责施工安装的质量。

第二十七条　施工安装，由设备管理部门及使用部门负责人验收合格后填写"设备验收登记单"方可使用。

第二十八条　对新置设备的随机配件要按图纸进行验收，未经验收不得入库。

第六章 转让和报废设备管理

第二十九条 设备陈旧老化不适应工作需要或无再使用价值的，在使用部门申请报损、报废之前，要进行技术鉴定与咨询。

第三十条 有关部门指派专人对设备使用年限、损坏情况、影响工作情况及残值情况等进行鉴定与评估，填写意见书交使用部门。

第三十一条 使用部门将"报废、报损申请单"附意见书一并上报，按程序审批。

第三十二条 申请批准后，将旧设备报损、报废。

第三十三条 报废、报损的旧设备由工程部负责按有关规定处置。

设备供应管理规定

第一章 总则

第一条 目的。为搞好设备供应计划管理，标准和非标准订货管理，特制定本规定。

第二章 设备供应计划管理

第二条 全厂设备供应计划实行统一归口管理，由设备科负责编制、平衡、下达和执行。

第三条 全厂基建设备供应的依据，必须是经过上级和事业部批准的基建计划项目和设计设备清单。

第四条 全厂技措、安措、环保、科研、零固、维修需用的设备计划，必须要有各单位的领导签字、盖章，由归口部门审核后，报设备科汇总，上报事业部审批。

第五条 需要试制或引进的设备，必须预先报事业部批准才能编入设备供应计划。

第六条 凡列入设备供应计划的，每项设备的名称、型号、规格、技术数据都必须齐全、准确，满足订货要求。

第七条 凡编制的设备供应计划，必须预先核对库存和外订的设备台账，做到充分利用库存和合理储备。

第八条 设备科应于每年6月5日前布置下年度设备供应计划。各车间、部门必须于6月15日前报设备科归口汇总、审核，6月30日前上报事业部审批。

第九条 设备供应以年度事业部审批的计划为主，平时不予受理，但事故性的临时急需设备，必须单项报请主管经理批准，并落实资金后交设备科办理，其购置金额一般不得超过1万元。

第十条 各单位在编制生产维护设备计划时，要充分利用库存，进行修、配、改、代，防止造成积压。

第十一条 设备到厂后，要尽快安装，并投入使用，发挥效益，存库时间最长不得超过6个月，逾期未安装、使用，仓库加收5%的管理费，同时申请单位和个人必须承担经济责任。

第三章 标准设备订货管理

第十二条 外协人员必须严格按照批准下达的计划执行。

第十三条 订货要做到不重、不漏、不错订，不订购过时、淘汰的产品。根据批准的计划和安装使用需要，做到保质、保量、保时供应。

第十四条　订货要比质比价、择优订货，认真选点、定点，建立稳定可靠的供应渠道。

第十五条　订货合同规定的名称、规格、型号、数量、单价、交货时间、质量标准、特殊要求、到站和结算方式等栏目，必须仔细填写清楚，做到准确无误。

第十六条　设备到厂后，经检验发现质量问题，订货员必须及时负责联系、处理，以免造成经济损失。

第四章　非标准设备订货管理

第十七条　需要按设计图纸由制造厂专门制造的设备，统称非标准设备。

第十八条　凡基建、技措、环保、维修需用的非标准设备订货的图纸、资料，必须通过审核签字无误后，方允许安排计划订货。

第十九条　负责审核和清理的图纸，应达到的标准和要求。

图面清晰，零部件制造图齐全，编写明确不乱，重量、材质牌号、工艺尺寸、加工符号、技术要求齐备，装配图和零部件数量准确，不重、不漏。

第二十条　订货合同必须标明合同号、名称、图号、数量、重量、交货时间、结算方式、运输要求、提供图纸份数以及双方承担的责任和义务。

第二十一条　订货应严格按计划执行，保质、保量、保证工程需要时间。

生产设备管理文案

设备使用规程编制与实施方案

一、总则

正确使用设备是保证设备正常运行，避免设备不正常或损坏，防止人身、设备事故的发生，延长设备使用寿命和周期，降低备件消耗，减少维修费用，确保生产正常进行的之一。因此，各级领导和生产操作者，必须严格按照设备程，正确使用设备。

二、设备使用规程的编制

1. 设备使用规程应根据设备的性能参数和生产工艺的制定正确的使用方法，它是生产活动中，操作者必须执规。为此，认真编制好设备使用规程，是保证安全运行的前

2. 每种设备都必须有具体的使用规程。

3. 每种设备都应在投产前编写好使用规程。

4. 设备使用规程的内容，必须包括以下部分：

（1）设备的性能参数。

（2）交接班制度。

（3）操作者应具备和做到以下4点：

①操作前的准备工作。

②操作顺序。

③紧急状态的处理。

④在使用过程中设备与人身安全注意事项。

5.操作前的准备工作。

（1）操作者必须经专业培训，持有操作证。凡新上岗的和尚未取得操作证的人员，必须在持有操作证的操作者的指导下方可操作。

（2）设备启动前，必须按使用规程的规定进行检查。

（3）生产线上或集体操作的设备，要熟悉和掌握开机前的联系方法和内容。

（4）进行试操作时，必须观察上下工序并确认设备区域内是否有人工作或置放物件。

6.操作顺序：

必须先发出启动设备的警告信号，然后按设备使用规程规定的动作程序进行操作，在设备启动和运转过程中，应注意检查（观察）是否有不正常的现象。

7.紧急状态的处理。

在设备启动过程或运行中，发现异常情况时，为保证人身和设备安全，必须要当机立断地立即停车。

8.设备使用过程中的设备与人身安全注意事项：

（1）非本机操作者未经批准，不得使用本机。

（2）任何人未经批准不得随意取消或改变安全装置。

（3）任何人未经批准不得乱割、乱焊和改变设备结构。

（4）关键要害岗位（如总降站，变配电所等），实行2人操作确认制，即1人操作，1人在旁监护，避免出现操作失误，导致重大人身和设备事故的发生。

（5）必须严格执行交接班制度，交班的操作人员应向接班的工作人员详细交代本班设备的运行情况和尚未处理的设备故障，并填好交接班记录，双方在交接班记录上签字。

（6）设备在运行中发现故障，凡在本班可以处理的，不得交给下一班处理，本班无法完全处理的，未完成部分可交给下一班，接班人员应接着处理完成，并详细检查，一切正常后，方可开车。

（7）设备的运行部位或运转区域内检修，必须在停车后、设备处于静止状态下进行。

（8）设备在启动和运行中，应对周围环境进行监视，注意前后工序的衔接与配合，注意仪表指示的变化。

（9）必须保持设备区域内的文明卫生，每班工作人员应每日对设备进行擦拭，包括区域内的打扫工作，以保持设备和区域的整洁。

三、设备使用规程的制定和审批

1. 设备所在车间、部门，设备主任召集车间设备、工艺、安全有关人员会议，布置制定使用规程的工作，有关生产工艺操作内容由工艺员编写，安全部分由安全人员编写，设备人员负责汇总编写工作。

2. 车间主任负责召开使用规程的会审，设备、生产、技术副主任及设备、工艺、安全主管工作人员参加。

3. 两个及以上的车间通用设备的使用规程，由设备科主管科长负责召集会审。

4. 设备使用规程经会审后，报设备科审核，呈报主管厂长批准，贯彻执行。

四、设备使用规程的修改

1. 生产工艺改变时，必须经技术科长的审核批准，以文字形式提前一周内通知设备组，设备主管人员根据修改工艺，对原规程进行修改。

2. 修改后的新规程须经车间设备主任审核签字，送设备科审批后生效。

3. 操作人员如发现规程有误或不完善之处，应向车间设备组反映，设备员应及时深入现场了解情况，进行修改和完善。

五、设备使用规程的贯彻

认真贯彻执行设备使用规程，有利于保障人身和设备运行安全。因此，各级领导必须认真学习和贯彻实施。

1. 车间主任必须组织全车间员工学习贯彻执行设备使用规程，考核合格率须达100%。

2. 单台新设备使用前，必须由设备组设备员组织学习使用规

程，经考核合格，方可上岗操作。

3.新工人、学员及调换岗位的人员进入岗位前，必须经学习和考核，不合格者不得单独操作设备。

4.车间设备组应经常或定期深入车间检查规程执行情况，发现有违章操作现象，及时制止并列入车间对班组或岗位的考核。

六、设备运行记录

1.生产过程中，运行的设备在负荷、温度诸因素的长时间作用下，机械零部件的磨损变形和电气原件的参数变化，会引起设备运行参数的改变，岗位操作者应及时记录下这些参数，以便准确地掌握设备运行规律，及时对设备进行维护检修，避免设备事故的发生。

2.设备在投入运行前，必须做好适用的运行记录表格。

3.设备在运行中出现不正常现象，必须随时记录，记录的数据要准确、清楚、完整。

4.设备运行记录经机组或单台设备按照班、日、月装订成册，归档备查。

5.设备运行记录的内容，应反映设备实际运行的技术状态，不同的设备，需记录下列内容：

（1）在运行过程中，设备本体发生异常现象，如运转不平稳，出现振动噪音，检测装置显示数据不正常，局部升温超过规定；零部件不正常磨损、变形，出现轴向窜动，腐蚀及异常气味火花、冒烟等情况。

（2）设备控制系统的突然变化和异常波动的数据，如断电保护频繁动作情况。

（3）电气设备电磁性能参数的变化，如绝缘、整流、接地、电控激磁、变频等方面的参数及电压、电流、电阻、电容等变化情况。

（4）动力供应参数，如蒸汽、压缩空气、工业水压力、流量、流速、温度等变化情况。

（5）设备润滑参数，如集中润滑油的压力、流量、温度及油脂质量变化，管路的泄露和堵塞等异常情况。

（6）设备发生事故或故障的全过程（包括时间、现象、原因、特征和后果），发生前的异常迹象等。

6. 车间设备组每月定期发放和收集运行记录，并负责整理归档。

（1）设备组在收集整理运行记录时，出现有不按规定填写运行记录者，应及时向设备主任报告，给予经济处罚。

（2）设备组应经常深入岗位检查运行记录的填写情况。

设备使用与维护规范化方案

设备使用、维护规程是根据设备使用、维护说明书和生产工艺要求制定，用来指导正确操作、使用和维护设备的法规。

一、规程制定与修改要求

1. 厂（矿）首先要按照设备使用管理制度规定的原则，正确划分设备类型，并按照设备在生产中的地位、结构复杂程度以及使用及维护难度,将其划分为重要设备、主要设备、一般设备3个级别,以便于规程的编制和设备的分级管理。

2. 凡是安装在用的设备,必须做到台台都有完整的使用、维护规程。

3. 对新投产的设备,厂(矿)要负责在设备投产前30天制定出使用、维护规程,并下发执行。

4. 当生产准备采用新工艺、新技术时,在改变工艺前10天,生产厂(矿)要根据设备新的使用、维护要求对原有规程进行修改,以保证规程的有效性。

5. 岗位人员在执行规程中,发现规程内容不完善时要逐级及时反映,规程管理专业人员应立即到现场核实情况,对规程内容进行增补或修改。

6. 新编写或修改后的规程,都要按专业管理承包制的有关规定分别进行审批。

7. 对内容修改较多的规程,第三年要通过群众与专业管理相结合的方式,由厂(矿)组织重新修订、印发,并同时通知原有规程作废。

8. 当设备发生严重缺陷又不能立即停产修复时,必须制定可靠的措施和临时性使用、维护规程,由厂(矿)批准执行。缺陷消除后临时规程作废。

二、设备使用、维护规程内容设计

1. 设备使用规程内容:

（1）设备技术性能和允许的极限参数，如最大负荷、压力、温度、电压、电流等。

（2）设备交接使用的规定。两班或三班连续运转的设备，岗位人员交接班时必须对设备运行状况进行交接，内容包括设备运转的异常情况、原有缺陷变化、运行参数的变化、故障及处理情况等。

（3）操作设备的步骤，包括操作前的准备工作和操作顺序。

（4）紧急情况处理的规定。

（5）设备使用中的安全注意事项，非本岗位操作人员未经批准不得操作本机，任何人不得随意拆掉或放宽安全保护装置等。

（6）设备运行中故障的排除。

2.设备维护规程内容：

（1）设备转动示意图和电气原理图。

（2）设备润滑"五定"图表和要求。

（3）定时清扫的规定。

（4）设备使用过程中的各项检查要求，包括路线、部位、内容、标准状况参数、周期（时间）、检查人等。

（5）运行中常见故障的排除方法。

（6）设备主要易损件的报废标准。

（7）安全注意事项。

三、设备使用、维护规程的贯彻执行

1. 新设备投入使用前，要由厂（矿）专业主管领导布置贯彻执行设备使用、维护规程，规程要发放到有关专业、岗位操作人员以及维修巡检人员，人手一册。

2. 生产单位要组织设备操作人员认真学习规程，设备专业人员要向操作人员进行规程内容的讲解和学习辅导。

3. 设备操作人员须经厂级组织的规程考试及实际操作考核，合格后方能上岗。

4. 生产单位每周都要组织班组学习规程，车间领导及设备管理人员，每月要对生产班组的规程学习情况进行抽查，发现问题及时解决，抽查情况纳入考核。

设备全面故障管理方案

所谓全面故障管理，是对故障要素包括故障部位、现象、故障程度、发生时间、故障频率、故障原因等进行全面有效的监督、控制、分析、研究，并采取相应的对策清除故障，是企业全体人员参与的全过程管理。主要分为以下8个步骤：

1. 积累故障原始资料

即建立设备的病志簿，记录故障发生时间、故障情况、排除方法、修理者等情况，进行长时间的积累。

2. 故障统计

对病志簿内容进行统计、归纳、汇总，找出有规律性的**内容。**

3. 故障分析

针对故障统计结果，选取故障频率高、停歇时间长，尤其是有重复性、多发性故障的设备进行重点故障分析。

4. 计划处理

对找到的故障原因进行针对性的计划处理，区别不同情况，落实解决时间和办法。

5. 计划实施

将计划排定的内容、措施、要求等，落实到具体的单位或个人，按计划实施。

6. 效果检查

对实施效果进行专人检查和评定。

7. 成果登记

把实施结果以书面形式进行登记，用以指导今后的维修工作。

8. 信息反馈

及时将整个实施过程中出现的问题和对策、结果向有关部门通报，以便于及时采取进一步措施或为以后的工作提供经验和教训。

第六章 质量管理规范文本

质量综合管理制度

质量管理办法

第一条 质量管理部工作细则。

1. 参与产品的研究开发及试制。

2. 对产品、原物料、加工品等规格及作业标准，提出改善意见或建议。

3. 制定进料、加工品、成品检验标准并确实执行。

4. 制定制程检查标准，并稽核检查站检查人员是否确实实施。

5. 质量异常的妥善处理及鉴定报废品。

6. 检验仪器与量规的管理与校正及库存品的抽验。

7. 原料供应商，外协加工厂商等交货质量实绩的整理与评价。

8. 督导并协助协作厂商改善质量，建立质量管理制度。

9. 制程巡回检验。

10. 制程管理与分析，专案研究并做防止再发的改善、预防等。

11. 客户抱怨案件及销货退回的分析、检查与改善措施。

12. 资料回馈有关单位。

13. 执行质量管理日常检查工作。

14. 做好质量保证作业。

15. 研究制订并执行质量管理教育训练计划。

16. 制定质量管理规定，推行全面质量管理。

17. 其他有关质量管理事宜。

第二条　进料科工作细则。

1. 制定进料检验标准，确实执行进料检验。

2. 进料质量异常的妥善处理。

3. 原料供应商、协作厂商交货质量实绩的整理与评价。

4. 对原料规格提出改善意见或建议。

5. 检验仪器、量规的管理与校正。

6. 进料库存品的抽验及鉴定报废品。

7. 资料回馈有关单位。

8. 办理上级所交办事项。

第三条　加工品科工作细则。

1. 制定加工品的检验标准，确实执行进料检验。

2. 加工品质量异常的妥善处理。

3. 外协加工厂商、协作厂商交货质量实绩的整理与评价。

4. 对加工品规格提出改善意见或建议。

5. 检验仪器、量规的管理与校正。

6. 资料回馈有关单位。

7. 办理上级所交办事项。

第四条 制程科工作细则。

1. 制定检查标准，并稽核检查站检查人员是否确实实施。

2. 协助生产单位做好质量管理。

3. 制程巡回检验及质量异常原因的追查与处理。

4. 半成品库存的抽验及鉴定报废品。

5. 制程管理与分析。

6. 选定造成成本较高或发生频率较多的不良项目或可能有问题的制程进行研究、分析及改善、预防等，防止再次发生。

7. 对作业标准提出改善意见或建议。

8. 检验仪器、量规的管理与校正。

9. 资料回馈有关单位。

10. 办理上级所交办事项。

第五条 成品科工作细则。

1. 参与产品的研究开发及试制。

2. 对产品规格，提出改善意见或建议。

3. 成品库存的抽验及鉴定报废品。

4. 制定成品检验标准，确实执行成品检验。

5. 成品质量异常的妥善处理。

6. 检验仪器、量规的管理与校正。

7. 客户抱怨案件及销货退回的分析、检查与改善措施。

8. 督导并协助协作厂商改善质量，建立质量管理制度。

9. 执行质量管理日常检查工作。

10. 资料回馈有关单位。

11. 办理上级所交办事项。

质量管理教育训练办法

第一条 目的。

提高员工的质量意识及质量管理技能，使员工充分了解质量管理作业的内容及方法，以保证产品的质量，并使质量管理人员对质量管理理论与实施技巧有良好基础，以发挥质量管理的最大效果，以及协助协作厂商建立质量管理制度。

第二条 适用范围。

本企业所有的员工及协作厂商。

第三条 实施单位。

由质量管理部负责策划与执行，并由管理部协办。

第四条 实施要点。

1. 实施要点内容：

（1）质量管理基本教育：参加对象为企业所有员工。

（2）质量管理专门教育：参加对象为质量管理人员、检查站人员、生产部及技术部的各级工程师与单位主管。

（3）协作厂商质量管理教育：参加对象为协作厂商。

2. 实施要点方式：

（1）厂内训练：为本公司内部自行训练，由企业内有关人员讲授或外聘讲师至厂内讲授。

（2）厂外训练：选派员工参加外界举办的质量管理讲座。

3. 由质量管理部先拟订"质量管理教育训练长期计划"，列出各类人员应接受的训练，经核准后，依据长期计划，拟订"质量管理教育训练年度计划"，列出各部门应受训人数，经核准后实施，并将计划送管理部转各单位。

4. 质量管理部应建立每位员工的"质量管理教育训练记录卡"，记录该员工已受训的课程名称、时数、日期等。

第五条 实施与修订。

本办法经质量管理委员会核定后实施，修正时亦同。

质量标准管理文案

产品质量管理方案

一、总则

最高管理者对质量方针负责并做出承诺。质量管理包括制定质量方针、目标和职责，并通过质量体系内的质量策划、质量控制、质量保证和质量改进等方法来实施全部管理职能的所有活动。

二、质量方针

组织的管理者应确定质量方针并形成文件，该方针应与组织内的其他方针保持一致。管理者应采取各种必要的措施以保证其质量方针能为本组织的各级人员所理解、实施和评审。

三、质量目标

1. 管理者应将质量的关键要素，如适用性、性能、安全性和可信性的目标及对其所做的承诺写成文件。

2. 应始终重视计算和评估与所有质量要素和目标有关的费用，以使质量损失最小。

3. 各级管理部门应制定与组织的质量方针和其他目标一致的具体质量目标。

四、质量体系

1. 质量体系是实施质量管理所必需的组织结构、程序、过程和资源。

2. 组织的管理者应开发、建立和实施质量体系，以实现所阐述的方针和目标。

3. 所建立的质量体系应根据组织的业务类型选择适用的要素。

4. 为了提高信任，质量体系应这样运行：

（1）质量体系能被人们理解、实施、保持并行之有效。

（2）产品确能满足客户需要和期望。

（3）社会和环境两方面的需要都被阐述。

（4）重点是问题的预防，而不是事后的检查。

五、质量管理范围

1. 质量体系适用于有关产品质量的全部活动，并与它们相互作用。质量管理将涉及产品寿命周期的全部阶段，包括从最初识别市场需要到最终满足要求的所有过程。典型阶段是：

（1）营销和市场调研。

（2）产品设计和开发。

（3）工艺策划和开发。

（4）采购。

（5）生产或提供服务。

（6）验证。

（7）包装和贮存。

（8）销售和分发。

（9）安装和使用。

（10）技术支持和服务。

（11）售后跟踪。

（12）使用寿命结束时的处置或再循环。

2. 在组织内部的上述相互作用的活动中，应强调营销和设计的重要性，特别是：

（1）确定和阐述客户需要、期望和对产品的其他要求。

（2）提出以最佳成本并且按已制定的规范生产产品的方案（包括支持数据）。

六、质量管理组织

1.总则。

（1）来自市场的输入应被用于改进新的和现行的产品，以及用于改进质量体系。

（2）管理者对质量方针的制定与质量体系的建立、完善、实施和保持的决策负责。

2.职责和职权。

应确定直接或间接与质量有关的活动，形成文件，并采取以下措施：

（1）明确规定一般的和具体的质量职责。

（2）对影响质量的每一项活动应明确规定职责和权限，要有充分的职责、权限和独立性，以便按期望的效率达到规定的质量目标。

（3）应规定各项活动之间的接口控制和协调措施。

（4）为了组建一个结构合理且有效的质量体系，工作的重点应该是查明实际的或潜在的质量问题并采取预防或纠正措施。

3.组织结构。

在整个组织结构内应明确规定有关质量体系管理的职能，并规定职权范围和联系方法。

4.资源。

（1）管理者应确定资源需求，提供实施质量方针和达到质量目标所必需的、充足的而又合适的资源。这些资源可能包括：

① 人力资源和专业技能。

② 设计和开发设备。

③ 制造设备。

④ 检验、试验和检查设备。

⑤ 仪器、仪表和计算机软件。

（2）为确保各类人员的工作能力，管理者应就人员资格、经验和必需培训的要求做出规定。

（3）管理者应识别影响产品、过程或相关服务的市场地位和目标的有关质量因素，以便及时、有计划地安排组织的资源。

对上述资源与技能的规划和进度安排应与组织的总目标一致。

5.工作程序。

（1）质量管理应能对所有影响质量的活动进行恰当而连续的控制。

（2）质量管理应重视避免问题发生的预防措施，同时，也不忽视一旦发现问题做出反应和加以纠正的能力。

（3）实施质量方针和目标，应制定、颁发和保持关于有效的质量体系各项活动相互协调的书面程序，这些程序应对影响质量的各项活动的目标和特性做出规定。所有的书面程序都应规定所采用的方法和合格的准则，并做到简练、明确和易懂。

七、技术状态管理

质量管理应包括合适的技术状态管理的书面程序。这项工作开始于设计阶段初期并贯穿于整个产品寿命周期。技术状态管理支持产品设计、开发、生产和使用等各项工作及其控制，并在产品寿命期内使管理者能清楚掌握文件和产品的状态。

技术状态管理可以包括技术状态标识、技术状态控制、技术状态记录和技术状态审核。

质量体系评审方案

一、总则

为了确定本公司质量体系活动及其有关结果是否符合预定的安排，并确定质量体系的有效性，应制订审核计划并按计划进行审核。应根据被审核活动的重要性及其现状进行所有要素的内部审核和评价。为达此目的，公司的管理者应制定审核大纲并贯彻实施。

二、质量体系的审核

1. 审核大纲。

（1）审核的特定活动和范围的计划及进度安排。

（2）具有审核资格的人员的任务分工。

（3）执行审核的书面程序，包括记录、质量审核结果报告及对审核中发现的不足采取及时纠正措施的协议。

除了有计划和系统的审核之外，需要审核的其他因素可能是机构变化、市场反馈、不合格报告和调研。

2. 审核范围。

（1）由胜任的人员对质量体系活动进行的客观评价应包括

下列活动或范围：

①组织结构。

②管理、操作和质量体系程序。

③人员、设备和资源。

④工作区域作业和过程。

⑤在制品（确定其符合标准和规范的程度）。

⑥文件、报告和记录保管。

（2）执行质量体系要素审核的人员应与受审核的具体活动或范围无直接责任。

3.审核报告。

（1）为使被审核领域的管理者采取适当措施及与负有质量职责的管理者交流信息，应记录并提交审核观察结果、结论和及时的纠正措施协议。

（2）审核报告应包括下列项目：

①不合格或缺陷的所有实例。

②适当的、及时的纠正措施。

4.跟踪措施。

应评定以前审核中有关纠正措施的实施和效果，并形成文件。

三、质量体系的评审和评价

1.组织管理者应在规定时间内安排独立的质量体系评审和评价。

2. 最高管理者应当对质量方针和目标进行评审。有关支持活动的评审由执行质量职责的管理者和其他合适人员进行，即按管理者的决定由胜任工作的独立人员进行。

3. 评审应由结构合理且内容全面的评价组成，包括：

（1）质量体系中要素的内部审核结果。

（2）满足本标准及公司规定的质量方针和目标的总体效果。

（3）对质量体系随着新技术、质量概念、市场战略和社会要求或环境条件的变化而进行修改的建议。

4. 观察结果、结论以及评审和评价的建议应形成书面文件并采取必要的措施。

四、质量改进

1. 当实施质量体系时，要确保质量体系能推动和促进持续的质量改进。

2. 质量改进涉及整个组织为提高活动和过程的有效性和效率所采取的措施：

（1）鼓励和承认管理者的支持作风。

（2）为促进改进、增加价值，改变态度和行为。

（3）规定明确的质量改进目标。

（4）鼓励有效联络和团结协作。

（5）承认成功和成就。

（6）质量改进的培训和教育。

质量控制管理文案

质量过程控制方案

一、物资控制

1. 投产前，所有的材料和零件均应符合规定的要求。但在确定接收检验的类型和数量时，应考虑对成本的影响以及不合格物资对生产流程的影响。

2. 过程中的产品（包括过程中的货物）应适当存放、隔离、搬运和防护，以保持其适用性。要特别考虑保管期及对变质的控制，包括适当期限内对产品进行评定。

3. 为确保对物资的识别和验证状态的可追溯性，从接收到所有的生产、交付和安装的整个过程，都应保持其相应的识别标记。

4. 物资的标记和标签应字迹清楚、牢固耐久，并符合规范要求。从接收到交付和安装，物资应按书面程序进行独特标识，并做好记录，应能在必须追回或进行特别检验时识别具体产品。

二、设备控制

1. 所有的生产设备，包括机器、夹具、工装、工具、样板、模具和计量器具等，在使用前均应验证其精确度。应注意过程控制中使用的计算机以及软件的维护。

2. 设备在两次使用间应合理存放和防护，并进行定期验证和再校准，以确保满足精确度（准确度和精密度）的要求。

3. 应制订预防性维护保养计划，以确保持续而稳定的过程能力。对影响产品质量的设备性能要特别加以注意。

三、过程控制

1. 对产品质量起重要作用的过程应制订计划、批准、监测和控制。

2. 对不易和不能经济测量以及需要特殊技能的产品特性应给予特别注意。

3. 应以适当频次对过程参数进行监控和验证，这些过程参数包括：

（1）所用设备的准确度及其变化。

（2）操作人员的技能、能力和知识。

（3）用于控制过程的测量结果和数据的精确度。

（4）过程环境和其他影响质量的因素，如时间、温度、压力。

（5）过程变化、设备和人员的文件。

4.在有些情况下，例如某些过程的缺陷不能通过其后产品本身的检验或试验来直接验证，只有在产品使用后才变得明显，这些过程要求事先鉴定（确认）以保证过程能力以及控制过程操作中所有重要的变化。

四、文件控制

按照质量体系的规定对文件进行控制。

五、过程更改控制

1. 明确规定过程更改的批准部门的职责，必要时还需征得客户同意。

2. 当更改设计时，生产工具、设备、材料或过程的所有变更应形成文件，并按规定的程序实施。

3. 每次过程更改后，应对产品进行评价以验证所做的更改是否对产品质量产生了预期效果。

4. 将由于过程更改而引起的过程和产品特性之间关系的任何变化形成文件并及时通知有关部门。

六、验证状况控制

对过程输出的验证状况应做出标识，这种标识可采用适当的方式，如在印记、标签、标记或随产品的检验记录上标出，或由计算机条码标出或标出实际的位置。这些标识应能区别未经验证的、合格或不合格的产品，也应能识别负责验证的单位。

七、不合格品控制

对不合格产品和不合格器材加以明确标识和控制的办法。

不合格品控制方案

一、总则

制定并执行不合格品控制的书面程序，以防止由于疏忽而使用或安装了不合格品。控制程序应规定不合格品的标识、记录、评价、隔离（可行时）和处置，并通知有关职能部门。

二、程序

1. 以书面程序形式建立和保持处理不合格品的步骤。

2. 不合格品控制程序的目标是预先防止客户收到不合格品，并避免不必要的进一步加工不合格品的费用。

3. 一旦发现材料、零部件或已完工产品不能满足或可能不满足规定要求时，应立即采取措施。

三、标识

1. 对可疑为不合格的产品或批次应立即标识，并将发现的问题记录下来。

2. 采取必要的措施对以前的生产批进行检查或重新检查。

四、隔离

按实际可能对不合格品做出适当标记并与合格品隔离，以防止在做出适当处置前继续使用。

五、评审

由指定的人员对不合格品进行评审以确定是否能让步接收（经修理或不经修理），或返修、返工、降级或报废。进行评审的人员应有能力判断对互换性、进一步加工、性能、可信性、安全性及外观的影响。

六、处置

按实际可能及时对不合格品做出处理。决定接收产品时应提出书面文件并申明理由，在授权弃权时，应有适当的预防措施。

七、措施

1. 尽早采取措施，防止误用或安装不合格品。措施包括对同样设计或同样程序加工的其他不合格产品的评审和对以前各批的同样产品的评审。

2. 为了工作进展，应尽早采取补救措施以减少返修、返工或报废的费用。对修理、返工和改进的产品进行重新检验或重新试验以验证其是否符合规定要求。

3. 有必要追回成品时，不论是在成品库房中、输送途中、销售商仓库中还是已经使用，都应追回。追回决定受安全性、产品责任及客户满意程度等因素的影响。

4. 采取措施防止再出现不合格品。

质量成本报告书

一、预防成本

1. 质量计划。

2. 工序控制。

3. 质量测量和控制设备的设计和研制。

4. 其他部门的质量规划。

5. 用于评价质量操作设备的检查和维修。

6. 试验和检查设备的维修和检查。

7. 厂商保证。

8. 质量培训。

9. 总预防成本。

二、鉴定成本

1. 实验室验收测量。

2. 检查和试验（包括产品内部）。

3. 工序检查。

4. 装配检查和试验。

5. 材料检查和试验。

6. 产品质量鉴定。

7. 试验和检验数据的校核。

8. 现场运行试验。

9. 内部试验。

10. 库存场地和备用件的评审。

11. 数据处理检查和试验报告。

三、内部故障成本

1. 废品。

2. 返工和修理。

3. 寻找故障或故障分析。

4. 复查，重复试验。

5. 废品和返工，卖主的错误。

6. 停机时间。

7. 变更许可证和特许权。

8. 降低等级。

四、外部故障成本

1. 索赔。

2. 产品或用户服务，产品责任方拒收和退回产品，取消，改型退回的材料检修。

3. 保证成本和替换的并联成本。

第七章

安全生产管理
规范文本

安全生产管理制度

第一章 总则

第一条 为加强生产工作的劳动保护，改善劳动条件，保护员工在生产过程中的安全和健康，促进企业的发展，根据《劳动保护法》及有关法令法规规定，结合生产实际情况，特制定本制度。

第二条 生产作业必须始终贯彻"安全第一，预防为主"的方针，贯彻执行厂长（总经理）负责制，各级领导要坚持"管生产必须管安全"的原则，生产要服从安全的需要，实现安全生产和文明生产。

第三条 各部门及个人务必严格遵守本制度。

第二章 机构与职责

第四条 安全生产委员会（以下简称安委会）是安全生产的组织领导机构，由厂领导和有关部门的主要负责人组成。其主要职责是全面负责全厂安全生产管理工作，研究制定安全生产技术措施和劳动保护计划，实施安全生产检查和监督，调查处理事故等工作。安委会的日常事务由安全生产委员会办公室（以下简称安委办）负责处理。

第五条　下属各生产部门必须成立安全生产领导小组，负责对本部门的员工进行安全生产教育，实施安全生产监督检查，贯彻执行安委会的各项安全指令，确保生产安全。安全生产小组组长由各部门的领导任命，并按规定配备专（兼）职安全生产管理人员。各机楼（房）、生产班组要选配一名不脱产的安全员。

第六条　安全生产主要责任人的划分。厂长（总经理）是部门安全生产的第一责任人，分管生产的领导和专（兼）职安全生产管理员是部门安全生产的主要责任人。

第七条　各级工程师和技术人员在审核、批准技术计划、方案、图纸及其他各种技术文件时，必须保证安全技术和劳动卫生技术运用的准确性。

第八条　各职能部门必须在本职业务范围内做好安全生产的各项工作。

第九条　安全生产专职管理人员的职责。

1. 协助领导贯彻执行劳动保护法令、制度，综合管理日常安全生产工作。

2. 汇总和审查安全生产措施计划，并督促有关部门切实按期执行。

3. 制定、修订安全生产管理制度，并对这些制度的贯彻执行情况进行监督检查。

4. 组织开展安全生产大检查。经常深入现场指导生产中的劳动保护工作。遇到紧急情况时，有权停止生产，并立即报告主管。

5. 总结和推广安全生产的先进经验，协助有关部门搞好安全生产的宣传教育和专业培训。

6. 参加审查新建、改建、扩建、大修工程的设计文件和工程验收及试运转工作。

7. 参加工伤事故的调查和处理，负责工伤事故的统计、分析和报告，协助有关部门提出防止事故的措施，并督促其落实。

8. 根据有关规定，制定本部门的劳动防护用品、保健食品发放标准，并监督执行。

9.组织有关部门研究制定防止职业伤害的措施，并监督执行。

10. 对上级指示和基层情况上传下达，做好信息反馈工作。

第十条　各生产部门专（兼）职安全生产管理员要协助部门主管贯彻执行劳动保护法规和安全生产管理制度，处理部门安全生产日常事务和安全生产检查监督工作。

第十一条　各机楼（房）、生产班组安全员要经常检查、督促本机楼（房）、班组人员遵守安全生产制度和操作规程，做好设备、工具等安全检查、保养工作，及时向主管报告本机楼（房）、班组的安全生产情况，做好原始资料的登记和保管工作。

第十二条　员工在生产、工作中要认真学习和执行安全技术操作规程，遵守各项规章制度。爱护生产设备和安全防护装置、设施及劳动保护用品。发现不安全情况，及时报告主管。

第三章 安全生产教育、培训办法

第十三条 安全生产教育的内容。

1. 思想教育。主要是正面宣传安全生产的重要性，选取典型事故进行分析，从事故的社会影响、经济损失、个人受害后果几个方面进行教育。

2. 法规教育。主要是学习有关法律法规，企业已有的具体规定、制度和纪律条文。

3. 安全技术教育。包括生产技术、一般安全技术的教育和专业安全技术的训练。其内容主要是安全技术知识、工业卫生知识和消防知识，本班组动力特点、危险地点和设备安全防护注意事项，电气安全技术和触电预防，急救知识，高温、粉尘、有毒、有害作业的防护，职业病原因和预防知识，运输安全知识，保健仪器、防护用品的管理和正确使用知识等。

专业安全技术训练是指对锅炉等受压容器，电、气焊接、易燃易爆、化工有毒有害、微波及射线辐射等特殊工种进行的专门安全知识和技能训练。

第十四条 安全生产教育的形式和方法。

1. 三级教育。在所有工伤事故中，由于新员工缺乏安全知识而产生事故的发生率最高，所以对新员工要实行厂级、车间、班组三级教育。其中，班组安全教育包括介绍本班组安全生产情况，生产工作性质和职责范围，各种防护及保险装置的作用，容易发生事故的设备和操作注意事项。

2. 经常性的宣传教育。可以结合本部门、本班组具体情况，采取各种形式，如安全活动日、班前班后会、安全交底会、事故现场会、班组园地或墙报等方式进行宣传。

第四章 爆炸、火灾预防办法

第十五条 易燃、易爆物品的运输、贮存、使用、废品处理等，必须设有防火、防爆设施，严格执行安全操作守则和定员、定量、定品种的安全规定。

第十六条 易燃、易爆物品的使用地和贮存点，要严禁烟火，要严格消除可能发生火灾的一切隐患。需要动用明火时必须采取妥善的防护措施，并经有关主管批准，在专人监护下进行。

第十七条 预防爆炸发生的措施。

1. 防止爆炸性混合物。加强管理，消除跑、冒、滴、漏情况，避免可燃物漏入空气从而达到爆炸限度。

2. 防止产生火花。防爆区的电机、照明应采用防爆型，避免因接触不良、绝缘不良、超负荷或过热而产生火花或着火，正确铺设避雷装置，检修照明采用安全灯，避免机械性撞击。

3. 防止产生静电。工作人员要穿棉布工作服，不得穿易产生静电的化纤工作服和塑料底鞋。

4. 严格遵守防火制度。严禁在生产区内吸烟，严禁明火取暖和焚烧可燃物，严禁在防爆区内装设电热设备。

5. 完善安全装置。如装上报警器、在压力容器上安装安全阀，有些设备和管道上可安装防爆板，安全装置要按规定维护核对，处于良好状态。

第十八条 预防火灾发生的措施。

1. 加强各种可燃物质的管理，大宗燃料应按品种整齐码放，不得混入硫化物和其他杂质；对酒精、丙酮、油类、甲醇、油漆等易燃物品要妥善保存，不得靠近火源。

2. 采取防火技术措施，设计建筑物和选用设备应采用阻燃或不燃材料，油库和油缸周围应设置防火墙等。

3. 配备消防设施，厂区要按规定配备消火栓、消防水源、消防车等。生产车间应配备必需的消防用具，如沙箱、干粉、二氧化碳灭火器或氯溴甲烷灭火器、泡沫灭火器等，器材要经常检查、定期更换，使之处于良好状态。

4. 开展群众性消防活动，既要组织专业消防队，也要建立群众性防火灭火义务消防队伍，并通过学习和实地演习，提高灭火技能。

第五章 毒、害作业管理

第十九条 为员工配备或发放防护用品，各部门必须教育员工正确使用防护用品，不懂得防护用品用途和性能的，不准上岗操作。

第二十条 努力做好防尘、防毒、防辐射和防噪音工程，进行经常性的卫生监测，对超过国家卫生标准的有毒有害作业点，应进行技术改造或采取卫生防护措施。不断改善劳动条件，提高有毒有害作业人员的身体素质。

第二十一条　对从事有毒有害作业的人员，要实行每年1次的定期职业体格检查。对确诊为职业病的患者，应立即上报人力资源部，由人力资源部或安委会视情况调整工作岗位，并及时做出治疗或疗养的决定。

第二十二条　禁止安排女员工在怀孕期、哺乳期从事影响胎儿、婴儿健康的有毒有害作业。

第六章　设备安全使用

第二十三条　各种设备和仪器不得超负荷和带缺陷运行，并要做到正确使用，经常维护，定期检修，不符合安全要求的陈旧设备，应有计划地更新或改造。

第二十四条　电气设备和线路应符合国家有关安全规定。电气设备应有可熔保险和漏电保护，绝缘必须良好，并有可靠的接地或接零保护措施；产生大量蒸汽、腐蚀性气体或粉尘的工作场所，应使用密闭型电气设备；有易燃易爆危险的工作场所，应配备防爆型电气设备；潮湿场所和移动式的电气设备，应采用安全电压。电气设备必须符合相应防护等级的安全技术要求。

第二十五条　引进国外设备时，对国内不能配套使用的安全附件，必须同时引进，引进的安全附件应符合国家的安全要求。

第七章　劳动场所管理

第二十六条　劳动场所布局要合理，保持清洁、整齐。有毒有害的作业，必须有防护设施。

第二十七条　生产用房、建筑物必须坚固、安全，通道必须平坦、通畅，要有足够的光线，为生产所设的坑、壕、池、走台、升降口等有危险的处所，必须有安全设施和明显的安全标志。

第二十八条 有高温、低温、潮湿、雷电、静电等危险的劳动场所，必须采取相应的有效的防护措施。

第二十九条 请外公司人员在公司的场地进行施工作业时，主管部门应加强管理，必要时实行工作票制度。对违反作业规定并造成财产损失者，需索赔并严加处理。

第三十条 外聘的施工人员需进入机楼、机房施工作业时，须到保卫部办理《出入许可证》；需明火作业者还须填写《公司临时动火作业申请表》，办理相关手续。

第八章 安全检查

第三十一条 安全检查是预防和杜绝工伤事故、改善劳动条件的一项有效措施，还可以起到交流经验、互相促进、互相学习的作用。

第三十二条 坚持定期或不定期的安全生产检查制度。安委会组织全面的检查，每年不少于两次；各生产部门每季检查不少于一次；各机楼（房）和生产班组应实行班前班后检查制度；特殊工种和设备的操作者应进行每天检查。

第三十三条 安全检查范畴。

1. 查有无进行三级教育。

2. 查安全操作规程是否公开张挂或放置。

3.查在布置生产任务时有无布置安全工作。

4.查安全防护、保险、报警、急救装置或器材是否完备。

5.查个人劳动防护用品是否齐备及正确使用。

6.查工作衔接配合是否合理。

7.查事故隐患是否存在。

8.查安全计划、措施是否落实和实施。

第三十四条 安全检查的方法。

安全检查的方法有经常性检查（如班组月查、周查、日查和抽查等）、专业性检查（如防寒保暖、防暑降温、防火防爆、制度规章、防护装置、电器保安等专业检查等），还有节假日前的例行检查和安全月、安全日的群众性大检查。

另外，教育班组成员养成时时重视安全、经常注意进行自我安全检查的习惯，是实现安全生产、防止事故发生最重要的方式。

第三十五条 自我安全检查。

每一次生产事故，直接受害最大的都是一线生产人员，因此，一线员工必须学会自我安全检查，特别是对于那些新上岗的员工，要坚决制止"边干边学"的极端错误做法。自我安全检查包括5类注意事项。

1. 工作区域的安全性。注意周围环境卫生，工序通道畅通，梯架台稳固，地面和工作台面平整。

2. 使用材料的安全性。注意堆放或储藏方式，装卸地方大小，材料有无断裂、毛刺、毒性、污染或特殊要求，运输、起吊、搬运手段、信号装置是否清晰等情况。

3. 工具的安全性。注意是否齐全、清洁，有无损坏，有何特殊使用规定、操作方法等。

4. 设备的安全性。注意防护、保险、报警装置情况，控制机构、使用规程等要求的完好情况。

5. 其他防护的安全性。注意通风、防暑降温、保暖情况、防护用品是否齐备和正确使用，衣服鞋袜及头发是否合适，有无消防和急救物品等。

第三十六条　发现安全隐患必须及时整改，如本部门不能进行整改的，要立即告知安委办统一安排整改。

第三十七条　属安全生产整改所需费用，应经安委办审批后在劳保技措经费列目列支。

第九章　安全生产考核

第三十八条　本标准以100分为基准分，采用扣分制，用于检查、评定企业的安全生产状况。

第三十九条　有下列情况之一的，扣40分。

1. 未按规定成立安全生产领导机构。

2. 未指定专人负责安全生产日常管理工作。

3. 主管生产的领导不直接负责领导和指导安全生产工作。

4. 未制定安全生产制度和实施办法。

5. 主要由人为因素造成重大事故，直接经济损失满10万元。

6. 由人为因素造成重伤或死亡。

7. 发生重大事故隐瞒不报。

第四十条 有下列情况之一的，扣20分。

1. 由人为因素造成事故，直接经济损失满1万元、不满10万元。

2. 由人为因素造成事故，导致人员受轻伤。

3. 对事故隐瞒不报或虚报。

4. 事故发生后，未在时限内对当事人做出处理意见。

5. 接到整改通知，不按时限或要求整改。

第四十一条 有下列情况之一的，扣5分。

1. 违章存放易燃、易爆危险品及剧毒物品。

2. 未经批准将工具借给他人。

3. 班组未按规定指定安全员。

4. 主管违章指挥1次。

5. 由人为因素造成事故，直接经济损失不满1万元。

第四十二条 有下列情况之一的，扣2分。

1. 未进行安全生产评比活动。

2. 班组安全检查、学习无记录。

3. 无操作证的人员在特殊工种岗位上长期独立操作。

4. 按规定要上报的各类安全月报表、资料、文件、报告，未报或超时上报。

5. 规定要派人参加的各类安全生产活动、会议，缺1人次。

6. 特殊工种班组，缺集中安全学习记录。

7. 事故处理、安全学习等原始资料不全。

8. 员工违章操作。

9. 违章存放一般易燃品。

10. 检查时发现隐患。

11. 通过反映、上级查询才报告的各类事实、隐患。

12. 防火设施不完善。

第四十三条　如发生各种特大事故及影响重大的事故，由公司安全生产委员会专项研究处理。

第十章　事故处理

第四十四条　事故处理是指包括事故发生后的紧急处理，报告有关部门，进行调查分析和统计，采取措施及处分有关单位和人员等一系列工作的总称。

第四十五条　事故发生后的紧急处理。

事故往往具有突然性，因此在事故发生后要保持头脑清醒，切勿惊慌失措，处理失当，一般按如下顺序处理：

1. 首先切断有关动力来源，如气源、电源、火源、水源等。

2. 救出受伤、死亡人员，对重伤员进行急救包扎。

3. 大致估计事故的原因及影响范围。

4. 及时报告和呼唤援助的同时，抢移易燃易爆、剧毒等物品，防止事故扩大和减少损失。

5. 采取灭火、堵火、导流、防爆、降温等措施，使事故尽快终止。

6.事故被终止后，要保护好现场。

第四十六条 事故的调查、分析和处理。

对伤亡事故进行调查、分析和处理的基本目的是找出原因，查明责任，采取措施，消除隐患，吸取教训，改进工作。

班组的责任是协助有关部门或人员，搞好调查、分析和处理工作。

第十一章 附则

第四十七条 各部门可根据本规定制定具体实施措施。

第四十八条 本制度由安委办负责解释。

第四十九条 本制度自发文之日起执行。以前制定的有关制度、规定等如与本制度有抵触的，按本制度执行。

安全自动检查要点

一、机械设备

1.各防护罩有无未用损坏、不合适现象。

2.机械运转有无震动、杂声、松脱现象。

3.机械润滑系统是否良好，有无漏油现象。

4.压力容器是否保养良好。

二、电气设备

1. 各电气设备有无接地装置。

2. 电气开关护盖及保险丝是否符合规定。

3. 电气装置有无可能短路或过热起火。

4. 厂内外临时用电是否符合规定。

三、升降机起重机

1. 传动部分的润滑是否适当，操作是否灵活。

2. 安全装置是否保养良好。

四、攀高设备

结构是否牢靠。

五、人体防护用具

1. 工作人员是否及时佩戴适当的防护用具。

2. 防护用具是否功能良好。

六、消防设备

1. 灭火器材是否按配置地点吊挂。

2. 消防器材设备是否保养良好。

七、环境

1. 通道楼梯及地区有无障碍物。

2. 油污废物是否置于密封的废料桶内。

3. 衣物用具是否悬挂或存于指定场所。

4. 物料存放是否稳妥有序。

5. 通风照明是否情况良好。

6. 厂房门窗屋顶有无缺损。

7. 木板平台地面或阶梯是否整洁、无障碍。

八、急救设施

1. 急救箱是否备用，药品是否充足。

2. 急救器材是否良好。

3. 快速淋洗器是否良好。

九、人员动作

1. 有无嬉戏、喧哗、狂奔、吸烟等。

2. 有无使用不安全的工具。

3. 有无随地乱置工具、材料、废物等。

4. 各种工具的用法是否妥当。

5. 工作方法是否正确。

6. 是否有带病上班者。

第八章

日常事务管理
规范文本

考勤管理制度

员工考勤管理规定

第一条 为加强公司员工考勤管理，特制定本规定。

第二条 本规定适用于公司总部、各下属全资或控股企业。各企业自定的考勤管理规定需由总公司规范化管理委员会审核签发。

第三条 员工正常工作时间为上8：30～12：00，下午1：30～5：00，每周六下午不上班。因季节变化需调整工作时间时，由总裁办公室另行通知。

第四条 公司员工一律实行上下班打卡登记制度。具体规则见员工打卡管理规定。

第五条 公司每天安排人员监督员工上下班打卡，并负责将员工出勤情况报告值班领导，由值班领导报至劳资部，劳资部据此核发全勤奖金及填报员工考核表。

第六条 所有人员必须先到公司打卡报到后，方能外出办理各项业务。特殊情况需经主管领导签卡批准，不办理批准手续者，按迟到或旷工处理。

第七条　员工外出办理业务前需向本部门负责人（或其授权人）申明外出原因及返回公司时间，否则按外出办私事处理。

第八条　上班时间外出办私事者，一经发现，即扣除当月全勤奖，并给予一次警告处分。

第九条　员工一个月内迟到、早退累计达3次者扣发全勤奖50%，达5次者扣发全部全勤奖，并给予一次警告处分。

第十条　员工无故旷工半日者，扣发当月全勤奖，并给予一次警告处分；每月累计3天旷工者，扣除当月工资，并给予一次记过处分；无故旷工达一个星期以上者，给予辞退处理。

第十一条　员工因公出差，必须事先填写出差登记表，副经理以下人员由部门经理批准，各部门经理出差由主管领导批准。高层管理人员出差需报经总裁或董事长批准，工作紧急无法向总裁或董事长请假时，需在董事长秘书室备案，到达出差地后应及时与公司取得联系。出差人员应于出差前先办理出差登记手续并交至劳资部备案。凡过期或未填写出差登记表者不再补发全勤奖，不予报销出差费用，特殊情况需报总经理审批。

第十二条　当月全勤者，获得全勤奖金200元。

值班管理制度

值班管理规定

第一条 本公司于节假日及工作时间外应办一切事务，除由主管人员在各自职守内负责外，另派员工值班处理下列事项：

1. 临时发生事件及各项必要措施。

2. 指挥、监督保安人员及值勤人员。

3. 预防灾害、盗窃及其他危机事项。

4. 随时注意清洁卫生、安全措施与公务保密。

第二条 员工值班时间规定。

1. 正常工作时间：星期一至星期六，每日下午下班时起至次日上午上班时止。

2. 例假日：日班上午8：00起至下午5：00止（可以随办公时间的变更而变更），夜班下午5：00起至次日上午8：00止。

第三条 员工值班安排表由各部门编排，于月底公布并通知值班人员按时值班，并应置值班牌，写明值班员工的姓名并悬挂于明显地方。

第四条 值班员工应按照规定时间在指定场所执行任务，不得中途停歇或随意外出，并需在本公司指定的地方食宿。

第五条　值班员工遇有事情发生可先行处理，事后报告。如遇其职权不能处理的，应立即通报并请示主管领导办理。

第六条　值班员工收到电文的处理方式。

1. 属于职权范围内的可即时处理。

2. 非职权范围，视其性质立即联系有关部门负责人处理。

3. 密件或限时信件应立即原封保管，于上班时呈送有关领导。

第七条　值班员工应将值班时所处理的事项填写报告表，于交班后送主管领导转呈检查，报告表另定。

第八条　值班员工遇紧急事件处理得当，使公司减少损失者，公司应视其情节给予嘉奖。

第九条　值班员工在值班时间内，擅离职守应给予记大过处分，因情节严重造成损失者，从重论处。

第十条　值班员工因病或其他原因不能值班的，应先行请假或请其他员工代理并呈准。出差时亦同，代理者应负一切责任。

第十一条　值班员工领取值班津贴，其标准另定。

日常事务管理文案

介绍信

_____：

　　兹介绍我公司_____同志等_____人（系我公司_____），前往贵处联系_____事宜，请接洽。

　　此致

敬礼

×××公司（盖章）

（有效期　天）　　　年　月　日

证明信

　　我公司工程师×××同志、技术员×××同志，前往××、××、××等省，检查并修理我公司生产的××牌热水器，希望有关单位给予帮助。

　　特此证明。

×××公司（公章）

××××年×月×日

请柬

××同志：

我店定于5月1日上午8时正式开业，3楼客厅同时接待业务洽谈。届时敬请光临。

此致

敬礼

××服装商店

地址：

电话：

出席典礼邀请函

谨定于××××年×月×日（星期×）下午×时整在××会议展览中心一号展览厅举行××典礼。

恭请

×××市

×××副市长莅临主礼

××××会执行总监

演讲及颁奖

敬候

光临指导

××××会馆

主席×××敬约

如蒙光临敬祈于×月×日前赐复

（电话：×××××××或传真回柬：×××××××联系人：×小姐）

嘉宾敬请于下午×时×分前入座。

邀请担任演讲嘉宾函

×××先生：

兹承您答应出席本中心周年晚会并担任演讲嘉宾，谨此致谢。现场晚会安排报告如下：

日期：×××年×月×日（星期×）

时间：晚上×时整

地点：×××道×号××酒店

程序：×点酒会　×点演讲会　×点宴会　×点晚会结束

演讲题目为"××××"，演讲语言为普通话，为时约××分钟。随函件附本中心简介一份，恭请参阅。敬请阁下于演讲前×小时赐送讲辞大纲，以方便有关人员筹备工作。

专此奉达，敬颂

商祺

×××××

×××

×××敬约

演讲安排函

敬启者：

　　×月××日至×月××日预定于敝公司召开的"国外管理阶层职务研习会"，能邀请您前来演讲，实在非常荣幸。

　　委托您的题目是×××××××××，内容请取材中国人的行为及思考方式等事项。

　　阁下演讲大致暂定于×月××日（星期二）下午×点半至×点，如您同意，将循此进行。希望演讲××分钟，另外××分钟则让参加人员提出问题。

　　此项计划目的是要使敝公司国外管理阶层人员深刻而没有偏颇地了解中国文化、社会及商业交易习惯等。另外，使其对中国的企业结构及活动等加深了解亦是目的之一。希望能借此提高综合管理能力。

　　参加人员是我们国外关系企业中来自×个国家的×位经理。详细内容请参照随函附上的参加人员名册。

　　关于上述日程如有问题，盼在百忙之中能尽快告知。

×××公司

总经理：×××

×××年×月×日

感谢出席剪彩典礼函

敬启者：

我公司于×××年×月×日在××酒店举行开幕剪彩典礼。感谢您在百忙中光临指导，也感谢您赠送的花篮，为典礼增光添庆。感幸殊深，在此表达感谢。

此致

××集团主席

×××先生

×××有限公司

董事长

［签名］

×××谨上

×××年×月×日

感谢出席纪念典礼函

敬启者：

对我公司××周年纪念典礼，承蒙拨出宝贵时间出席，再次向您致谢。在此可喜可贺之日，能和您与诸位朋友一起庆祝，实在使典礼更具意义。今后如有适当时机得以回报您此番盛意，将是敝人之荣幸。

于此，谨祝您成功与幸福。

此致

××公司董事长

×××先生

×××公司董事长

×××谨上

××××年×月×日

感谢参加开业典礼函

×××公司于××××年××月××日在上海举行开业典礼。此间收到全国各地同行、用户以及外国公司的贺电、贺函和贺礼，上级机关及全国各地单位的领导、世界各地的贵宾、国内最著名的相关专家等亲临庆典，寄予我公司极大的希望，谨此一并致谢，并愿一如既往地与各方加强联系，进行更广泛、更友好的合作。

×××公司

董事长：×××

总经理：×××

××××年×月×日

不能出席会议致歉函

敬启者：

关于半导体工业世界会议的出席，非常感谢阁下的关注。增加阁下诸多不便，令我歉意甚深。

当初，我们曾预定在目前会议结束后，才前往××，但如今却因某件重要的事务而提前了，所以现在无法参加半导体工业世界会议。实在很遗憾，由于预定所迫，现在已经无法变更了。

我们也曾想过要派一位代理人代表我方，但又想到这人一定要精通此次会议主题才行。可是，我们尚未找到具有这样资格的人。考虑到这次会议主题的重要性，与其让没有充分经验的人参加，不如辞谢这次参加会议的权利。

再次感谢阁下数天前的邀请，及欲为我而做的变更。谨以此函请阁下谅解。

此致

×××公司董事长

×××谨启

×××年×月×日

第九章

人员选聘录用

管理规范文本

anzhidu
banshi

人员招聘管理制度

人员聘用管理制度

第一条　为规范公司人员的招聘流程，使各项工作有理有据，特制定本制度。

第二条　应聘人员的年龄不低于18岁。

第三条　有下列情形之一者，本公司不予录用。

1. 被剥夺公民权利尚未恢复者。

2. 通缉在案，尚未结案者。

3. 曾有严重渎职行为者。

4. 曾因贪污受贿、私挪公款受到处罚者。

5. 曾因品行不良，被开除者。

6. 身体状况不良，体格不健全，患有精神病或传染病，影响工作者。

第四条　本公司聘用员工，以公开招考、推荐为原则。

1. 应聘者应先行登记，经考核合格者，允许参加本公司考试。

2. 公司考试分为笔试和面试，依笔试成绩的高低及专业的需要，通知合格者参加面试。

3. 面试由申请单位的主管主试，可以邀请总经理或副总经理及人力资源主管出席。

4. 凡参加考试成绩优良者，由申请单位主管录用后，即交由人力资源部门通知报到试用。

第五条 试用期按国家相关法律法规执行。

第六条 试用期满，试用员工表现优良者，由各部门主管呈报总经理核准，正式任用；试用不合格者，试用期内可随时解雇。

第七条 凡通过本公司考试录用的新进员工，应在规定期限内办理报到手续，过期取消资格。

第八条 正式任用的员工需填写的资料。

1. 交验身份证、学历证书等有关证件。

2. 与公司签订正式任用（聘用）合同。

3. 填写人事登记表，交近期照片（一般为1寸免冠）6张。

第九条 各部门对所属员工视其能力、个性，于适当期间内互调工作，须经上级主管部门考核批准，员工不得推诿。

第十条 奉调员工在接到调令通知书后，应在规定期限内办妥移交手续。

第十一条 调任人员在接任人员未到任之前，其所遗事务暂由主管或主管指定的其他人员代理。

第十二条　员工具备一定能力，经所属主管推荐者，经考核并参考平时考绩后予以晋升。

人员甄选管理制度

招聘面试管理制度

第一条　总则。

1.本公司为招聘人才，促进公司的发展，特制定本制度。

2.有关应聘员工面试事项，均依本制度处理。

第二条　面试考官应具备的条件。

1.本公司人力资源部门工作人员为面试考官，面试人员本身需要给人一种好感，能够很快地与应聘者交流意见，因此面试人员在态度上、表情上必须表现得十分开朗，让应聘者愿意将自己想说的话充分表达出来。

2.面试人员自己必须培养极为客观的个性，能理智地判断一些事务，绝不能因某些非评价因素而影响对应聘者应有的客观评价。

3.不论应聘者的出身、背景，面试人员都必须尊重应聘者的人格、才能和品质。

4. 面试人员必须对整个公司组织的概况、各部门功能、部门与部门间的协调情形、人事政策、薪资制度、员工福利政策等有深入的了解，才能应对应聘者可能提出的问题。

5. 面试人员必须详细了解招聘职位的工作职责和必须具备的学历、经历、人格条件与才能。

第三条 从面试中应获得的资料。

1. 观察应聘者的稳定性：应聘者是否常换工作，尤其注意应聘者换工作的理由。如应聘者刚从学校毕业，则要了解应聘者在学校中参加过哪些社团，稳定性与出勤率如何。从应聘者的兴趣爱好中可以看出应聘者的稳定性。

2. 研究应聘者以往的成就：研究应聘者过去有哪些工作经验与突出成就。

3. 应付困难的能力：应聘者过去面对困难或障碍是经常逃避，还是能够当机立断、挺身而出解决问题？

4. 应聘者的自主能力：应聘者的依赖心是否很强？如应聘者刚从学校毕业，则可观察他在读书时是否一直喜欢依赖父母。

5. 对事业的忠诚度：从应聘者谈过去主管、过去部门、过去同事以及从事的工作，就可判断出应聘者对事业的忠诚度。

6. 与同事相处的能力：应聘者是否一直在抱怨过去的同事、朋友、公司以及其他情况。

7. 应聘者的领导能力：当公司需要招聘管理者时，特别要注意应聘者的领导能力。

第四条　面试的种类。

1. 初试：初试通常在人事部门实施，初试的作用是过滤那些学历、经历和资格条件不合格的应聘者，通常初试的时间为15 ~ 30分钟。

2. 评定式面试：经过初试，如果发现有多人适合这项工作，这时就要由部门主管或高级主管做一次评定式面试。这种面试通常为自由发挥式的面谈，没有一定的题目，由一个问题一直延伸到另一个问题，让应聘者有充分发挥的机会，这类面试通常为30 ~ 60分钟。

第五条　面试的地点及记录。

1. 面试地点最好在单独的房间，房间里只有面试人员与应聘者，最好不要装电话，以免面试受到电话的干扰。

2. 进行面试的时候，必须准备面试表格。通常，初试表格最好是打钩方式的；在评定式面试中，最好用开放式的表格，以便把该应聘者所述内容随时记录下来。

第六条　面试的技巧。

1. 提问的技巧。面试人员必须擅长提问，问题必须恰当。

2. 听的技巧。面试人员要想办法从应聘者的谈话里，找出所需要的资料，因此，面试人员一定要有听的技巧。

3. 沉默的技巧。面试人员问完一个问题时，应当适时沉默，观察应聘者的反应，最好不要在应聘者没有开口回答时，或者感觉到应聘者尚未明白所提问题时，即刻进行解释。应保持沉默，观察应聘者对这个问题的反应能力，因为应聘者通常会补充几句，而那几句话通常是最重要的也是最易了解应聘者的地方。

第七条 面试的内容（面试内容的重点事项）。

1. 个人特性。应聘者的资格包括应聘者的体格外貌、举止、穿着、语调、坐和走路的姿势。应聘者是否积极主动、是否为人随和、是否有行动力以及个性内向或外向，这些都依靠面试人员对应聘者的观察。

2. 家庭背景。家庭背景资料包括应聘者的家庭情况、父母的职业、兄弟姊妹的兴趣爱好、父母对他的期望以及家庭的重大事件等等。

3. 学校教育。应聘者就读的学校、科系、成绩，参加的活动，与老师的关系，在校获得的奖励。

4. 工作经验。除了应聘者的工作经验外，还应该从提问中观察应聘者的责任心、薪酬增加的状况、职位的升迁状况和变化情形，以及变换工作的原因。从应聘者的工作经验，可以判断出应聘者的责任心、自动自发的精神、思考力、理智状况等。

5. 与人相处的特性。从应聘者的社交情况来了解其与人相处的能力，包括了应聘者的兴趣爱好，喜欢的运动，参加的社团以及所结交的朋友。

6. 个人抱负。包括应聘者的抱负、人生目标及发展潜力、可塑性等。

人员录用管理制度

人员录用制度

第一条 目的。

为统一管理和规范本公司的录用工作，特制定本制度。

第二条 录用原则。

录用工作原则上每年进行1次。如有特殊情况，可以临时录用员工。应尽量保证录用工作的连续性和规范性。

第三条 录用标准。

1. 录用员工的学历：

（1）研究生及同等学力者，占____%。

（2）大学及同等学力者，占____%。

（3）职业高中、中专及同等学力者，占____%。

2. 录用员工中，管理及事务性人员占____%。

3. 录用后的具体工种分配另定。

第四条 制度适用范围。

特殊工种的录用，同样应遵守本制度。

第五条 应聘资料。

包括亲笔履历书、有关证书、身份证复印件、职位申请书、

2寸照片3张（背面写清姓名和拍照时间）。

第六条 推荐书。

必须由推荐者提交推荐书一份，重点说明推荐理由。

第七条 选拔标准。

选拔标准主要依据工种要求及其他标准，高学历者优先考虑。

第八条 考试方法。

一次性考试，主要审查应聘者和推荐人的书面资料。必要时可进行面试。

两次性考试，是指对第一次考试合格者再进行笔试、面试和体检。笔试，主要对应聘者的一般知识和专业知识进行考查。面试，主要是考查应聘者的学识、谈吐、能力、个人素质及适合的工种。对应届毕业生还要考查在校学习成绩。

第九条 考试小组的设置。

为保证考试的公平、合理，作为常设或非常设的机构，设立考试小组。

考试小组由公司经理指定的5~10人组成。小组工作的运行及分工另行规定。

第十条 录用。

笔试和面试总成绩为良好、体检及两次性考试合格者，方能正式聘用。如体检不合格者，不予录用。

管理人员录用制度

第一条 目的。

为了获得高质量的管理人才，特制定本制度。

第二条 测试种类。

测试分笔试和面试两种。笔试合格者才有资格参加面试。面试前，需要应试者提交求职申请和应聘管理人员申请。

第三条 任职调查和体检。

是否正式聘用，还要经过对应聘者以往任职情况调查和体检后决定。任职调查根据专项规定进行。体检由企业指定医院代为负责。

第四条 测试时间。

笔试2小时，面试2小时。

各测试方式的总时间原则上应为4个小时以上，以附带考查应聘者的毅力和韧性。

第五条 笔试内容。

1. 应聘部门所需的专业知识。

2. 应聘部门所需的具体业务能力。

3. 对企业经营方针和战略的理解。

4. 领导能力和协调能力。

5. 职业素质和职业意识。

第六条 面试内容。

包括管理风格、表达能力、应变能力、决策能力及个人形象等。

第七条 录用决策。

在参考笔试和面试成绩的基础上，最终的录用提议应由用人部门主管提出，报总经理核准后决定。

第八条 实施及修改。

本制度经董事会通过后实施，修改时亦同。

人员招聘管理文案

人员招聘流程书

1. 各部门申请职位空缺。

2. 人力资源部审查与批准。

3. 调查市场有关招聘职位的雇用条件，包括薪金、福利、学习、发展等。

4. 确定本公司可以提供的雇佣条件。

5. 确定招聘来源，包括从何处招聘、对谁招聘。

6. 确定招聘方式，包括招聘广告、人才网页、人才市场、猎头公司、主动约见、内部推荐等。

7. 确定选拔方法，包括面试、笔试、学习、问答、邀请相关人士考查应聘者的工作能力。

8. 确定招考小组成员，包括除用人单位以外的招考代表。

9. 安排会见并考试选拔（第一次会见）。

10. 选拔小组推荐确定适合人选。

11. 人力资源部分别向受聘者和落聘者发出通知，并将资料存档。

12. 安排受聘者到公司参加会见（第二次会见），说明雇佣条件并了解受聘者的其他要求与愿望。

13. 人力资源部向录用的应聘者发出录用通知书。

14. 录用者到受聘公司指定的医院进行体格检查。

15. 录用者携带体检证明到人力资源部报到。

16. 安排录用人员接受岗前培训。

17. 取得培训合格证后向部门经理报到。

18. 受聘者开始试用期。

19. 试用期满（或提早），部门经理向人力资源部门通报是否正式任用。

20. 转为正式员工或延长试用期或终止雇用（试用不合格）。

第十章

员工薪酬福利
管理规范文本

员工薪酬福利管理制度

薪金管理制度

第一章 总则

第一条 为使本公司员工的薪金管理规范化特制定本制度。

第二条 本公司有关职薪、薪金计算、薪金发放，除另有规定外，均依本制度办理。

第三条 本公司员工的职薪，依其学历、工作经验、技能、内在潜力及其担任工作的难易程度、责任轻重等综合因素核发。

第四条 本公司顾问、特约人员及临时人员的薪金，根据实际情况另行规定或参考本制度核发。

第二章 员工薪金类别

第五条 本公司从业员工薪金含义如下：

1.本薪（基本月薪）。

2.加给：主管加给、职务加给、技术加给、特别加给。

3.津贴：机车津贴、伙食津贴、加班（勤）津贴和其他津贴。

4.奖金：全勤奖金、绩效奖金、年终奖金和其他奖金。

第六条 从业员工薪金分项说明如下：

1.本薪：

本薪即基本月薪，其金额根据"职薪等级表"的规定核发。

2.主管加给：

凡主管人员，根据其职责轻重，按月支付加给。

3.职务加给：

凡担任特殊职务人员，根据其职务轻重，按月支付加给。

4.技术加给（特别加给）：

凡担任技术部门或在其职务上有特别表现的人员，酌情支付技术加给（特别加给）。

5.伙食津贴：

凡公司未供应伙食者，均发给伙食津贴。

6.机车津贴：

凡业务部外勤人员自备机车者，均发给机车津贴。

7.加班津贴（加勤津贴）：

凡于规定工作时间外延长上班时间，按实际情况酌情支付加班津贴，或按时计发加班津贴。若于休假日照常出勤而未补休者，按日发给加勤津贴。

8.其他津贴：

凡上述各项本薪、奖金、津贴以外的津贴，其发给均需要由单位主管会同人事部门商定支付。

9. 全勤奖金：

每月除公司规定的休假日外，均无请假、旷工、迟到、早退记录的人员，应给予全勤奖金。

10. 绩效奖金：

凡本公司员工，均享有绩效奖金支领权利，其办法另行规定。

11. 年终奖金：

凡本公司员工，年终奖金由董事会根据公司利润情况及员工年度考绩等级核给，其办法另行规定。

12. 其他奖金：

包括个人奖金、团体奖金或对公司有特别贡献的奖金，均由董事会支付。

第三章 员工薪金管理

第七条 从业人员的薪金计算时间为报到服务之日到退职之日，对于新任用及辞职的员工，当月薪金均以其实际工作天数乘以当月薪给日额。若是26日以后报到的新进人员，为了便于薪金作业，合并于下月份发给薪金。

第八条 从业人员在工作中，若遇职称调动、提升，从变更之日起，适用新职等级薪金。

第九条 兼任下级或同级主管者，视情形支给或不支给特别加给。

第十条 低级的员工代理高级职称时，按其原等级本薪支给，但支领代理职称的职务加给。

第十一条　有关本公司各职等人员考勤加薪规定，按企业雇员考勤管理制中有关条款计算。

第四章　员工薪金发放

第十二条　从业人员的薪金定为每月5日发给上月份的薪金，除另有规定外，应扣除薪金所得税、保险费以及其他应扣款项。

第十三条　发薪时，如有疑问或错误，应尽快呈报主管求证，以免日后发生纠纷。

第十四条　退职人员薪金于办妥离职及移交手续后的发薪日发给，如遇有特殊情况，经批准后在退职日当天核发。

第十五条　员工应对本身的薪金保密，不得公开谈论，否则降级处分。

第五章　员工晋升管理

第十六条　从业人员晋升规定如下：

1. 效率晋升：凡平日表现优秀、情况特殊者由主管办理临时考绩，给予效率晋升，效率晋升包括职称、职等、职级晋升3种。

2. 定期晋升：每年1月1日起为上年度考绩办理期，每年3月1日为晋级生效日，晋级依考绩等次分别加级。

3. 本公司特殊职务人员（专员、特助），其晋升等级最高不得超过本公司主管之职等。

4. 从业人员在年度内曾受累计记大过1次处分而未撤销者，次年内不得晋升职等。

第六章 附则

第十七条 "职薪等级表"的金额及各项加给、津贴，可根据近期市场的物价波动及公司财务状况作适当弹性调整。

第十八条 本制度经董事会核准后实施，修正时亦同。

员工提薪管理办法

第一章 总则

第一条 提薪原则上1年1次，以4月1日作为提薪日。但是，当物价指数急剧变化，以及公司认为有特别的必要时，也可进行临时提薪。

第二条 提薪可分为按身份、按技能、按工龄提薪3类。

第三条 出现下列情况之一者，丧失提薪资格：

1. 录用不满1年。

2. 因工伤之外的原因而缺勤合计数达到2个月以上。

3. 在上一年度中受到处罚。

4. 正在提出退职申请。

5. 年满60岁。

注意，关于第2、3两点，不影响技能提薪和工龄提薪。

第四条 公司经理每年任命提薪考查委员会。

第五条 考查委员会必须注意下面各点，进行公正、准确的考查核定。

1. 在进行考查时，要撇开自身的利害得失、人情面子，公正、冷静地进行判断确认。

2. 对每个人的考查都需实事求是，不得主观臆断或轻信他人的谣言中伤而做出判断。

3. 考查的结果对被考查对象将来的前途以及当前的工作成绩和情绪都有很大影响，因此要求慎重地实行考查工作。

第二章　按身份提薪

第六条　按身份提薪，是以员工的学历、年龄、经验、工龄以及过去的地位为基础，按一定的公式，自动地进行。

第七条　根据上一条确定的原则，员工身份提薪的计算公式为：学历的标准值乘以由年龄、经验、过去的地位所决定的提薪数。学历的标准值可分为大学毕业生、大专毕业生、高中毕业生、初中毕业生4个档次。如果接受过其他特别的教育，则参照上述4个档次的标准。

第八条　学历工资标准的确定，须考虑其基本的毕业年龄。基本毕业年龄为：大学毕业生，满23岁；大专毕业生，满21岁；高中毕业生，满19岁。当年达到上述年龄标准，其基数为零。超过或不到这一年龄标准的，则在学历的标准的基础上，适当考虑提薪金额的增减。

第九条　按年龄提薪，到50岁为止。

第十条　经验以及过去的地位在提薪系数确定时，按中下标准计算：在本行业工作的，为10分；在性质类似的行业或相关行业工作的，按3~5分计算；在其他行业工作的，不予承认。

第十一条　按经验提薪，须考虑提薪对象从事该项工作的时间。但这一时间长度以30年为限，超过30年便不再往上提薪。

第三章 按技能提薪

第十二条 按技能提薪，依据考查标准，考查每个员工的情况，然后依特定的提薪标准金额，决定员工的技能工资。

第十三条 考查采用以下办法：按照第十六条到十八条所规定的考查标准，各考查委员会成员就以下3个项目采分，然后在负责人会议上讨论各考查委员会成员提出的采分表，最后做出决定，确定考查分数。采分的3个项目为：

1. 技能和经验。

2. 工作态度。

3. 业务成绩。

第十四条 按照一般情况为10分、最高分为20分、最低分为5分的采分标准和范围，给定每个员工的考查分数。

第十五条 第十二条规定的提薪标准金额，作为不同身份员工的提薪金额，每年在董事会上讨论决定。

第十六条 技能工资要按各人能力的变化做出相应的增减。

第十七条 技能及经验的考查标准，依据以下事实而定：

1. 与业务有关的知识和经验的掌握程度。

2. 对业务及相关业务的精通程度。

3. 进取心和改进业务工作的态度。

4. 使业务或工作得到发展的程度。

5. 是否掌握为公司作出贡献的特殊技能。

6. 是否出过事故、有过过失以及事故、过失的大小。

7. 指导和统率下级的能力大小。

第十八条 工作态度的考查标准，依据以下事实：

1. 对本职工作的责任心。

2. 遵守公司规章制度的情况。

3. 服从上级命令的情况。

4. 与同事是否协调，能否合作共事。

5. 对材料、低值易耗品、机械设备或生产工具的使用、处理态度。

6. 出勤率的高低以及迟到、早退和为私事外出等现象的发生频率。

7. 工作时的态度。

8. 履行往来客户诺言的态度以及接待客户的态度。

9. 对下级的指导态度以及下级对其尊敬的程度。

10. 对公司内部秩序以及气氛带来的影响。

11. 对工作场所的整理、整顿及管理的好坏。

12. 在公司内外，是否有抱怨、发牢骚等现象以及这种现象的出现频率。

13. 有无公物私用、浪费公物、擅自拿走公司物品的情况以及这种情况发生的频率。

第十九条 业务考查的标准，依据以下事实：

1. 是否努力进行新的开拓以及有无实际效果。

2. 有无订货单和工程收益以及这种收益的多少。

3. 开展业务时是否节约及工作效率如何。

4. 在进行记账、计算以及其他应汇报的工作时，效率如何、成绩如何。

5. 在工程现场开展工作时其效率及成绩如何。

6. 能否顺利地处理日常事务，是否出现过耽搁、延误等情况以及此类情况出现的频率。

7. 往来客户有无批评意见或不满以及此种现象的出现频率。

8. 有无一般性的误记、误算、不当处理和工作差错以及这种情况的发生频率。

9. 对机械设备、生产工具、备品备件的爱护程度，是否出现损坏和丢失。

第二十条 如果成绩突出，可以不依前述各条，给予特别提薪。

第四章 依工龄提薪

第二十一条 依据工龄提薪是对工龄在1年以上的员工进行的。

第二十二条 本办法自××××年×月×日起实施。

员工奖金管理制度

第一条 为了激发员工的工作热情，对为公司作出贡献的员工给予回报，特根据公司的财务状况制定本制度。

第二条 有下列情况之一发生时，公司可根据实际情况酌情减少或停发奖金。

1. 公司经营状况不佳。

2. 奖金规则执行无效。

3. 所发奖金与政策法令相抵触。

4. 公司遇到人力不可抵抗的灾难。

第三条 本制度所规定的各项奖金的申请，应由具有奖金申请资格员工的直属部门的主管人员填写申请书，并签署意见送人力资源部门，加注有关人事记录资料及考核意见后，送请规章执行委员会审议，然后执行。

第四条 各种奖金核准日在上半月的，须从上半月开始发；核准日在下半月，须从下半月起发。

第五条 凡有下列情形之一者，除依照公司管理规则有关规定处罚外，6个月内不得享受本制度所规定的各项奖金。已享有奖金权的，应自当月起予以停止，直到表现良好时，再依制度第三条规定办理奖金申请手续。

1. 工作不力者或不能胜任工作者。

2. 有赌博、斗殴、诈骗、偷窃、经手钱财不清或拖欠他人钱财不偿还行为者。

3. 在公司外的行为足以妨碍其应执行的工作及损害公司声誉或利益者。

4. 在言论或行为上对公司、公司负责人及公司同事不利、不忠实者。

5. 经办公文或工作时因积压公文而损及公司或其他人利益者。

6. 利用工作之便谋取私利者。

7. 公司遭遇任何灾难或发生紧急事件时，负责单位或在场员工未能及时加以抢救者。

第六条　凡因故应停发或减少部分奖金者，应由其主管部门会同人力资源部门共同提出理由、意见书及有关资料，并在送请规章执行委员会审议后执行。

第七条　凡因故被停发奖金的核准日在发放本期工资之前者，应在本次发放工资时执行；核准日在发放本期工资之后者，则在下次工资发放日执行。

第八条　各部门主管人员应于每年1月15日及7月15日前，提出该部门已享受奖金的员工在过去半年内的生活与工作报告，经人事部门签署考核意见后，送规章执行委员会进行享受资格总审查。

第九条　规章执行委员会由各部门主管人员任委员，总经理任主任，全权办理本会一切事宜。

第十条　规章执行委员会每半月召开1次，由总经理担任主席。主席因故不能出席时，由人力资源部门主管代理。

员工薪酬福利管理文案

员工薪资管理方案

一、薪资管理的目标

1.吸引和留住公司需要的优秀员工。

2. 鼓励员工积极提高工作所需要的技能和能力。

3. 鼓励员工高效工作。

4. 创造公司所希望的文化氛围。

5. 控制运营成本。

二、合理的薪资方案的要求

良好的薪资方案，其设定的目标必须切合实际，本公司薪资应该达到下列要求：

1. 独特性：为了吸引人才，公司的薪资应具有独特性，从而有竞争力。

2. 程序性：什么时候和什么情况下应该调薪，调整的幅度有多大，这些都应该有规则、有程序可循。

3. 弹性：薪资策略应该富有弹性，超出规则的特殊情况，应该有补救的办法。

4. 公布周知：薪资策略应该让全体员工都知道，这样有利于提高员工的士气与凝聚力。

三、薪资方案的内容

公司薪资管理的主要内容包括薪资计划的制订、薪资制度管理、薪资额度管理等。

1. 薪资计划就是在考虑各种因素的实态和动向的基础上，对薪资管理的各项活动进行具体的计划和组织。

2. 薪资制度管理，主要是选择适合本公司情况的薪资制度。薪资制度是依照当地政府法律和政策规定的有关薪资结构、薪资水平、薪资标准、工资关系、定级、升级、薪资支付等项办法的总称。因本公司中存在各类人员，薪资制度的具体形式往往需要多种薪资制度结合运用。

3.薪资额度管理包括薪资总额管理和个别薪资额度管理。本公司运用科学的方法和指标来分析、确定合理的薪资总额，常用指标包括人事费比率（人事费/销售额）、劳动分配率（人事费/附加价值）、劳动费比率（劳务费用/制造成本）等。个别薪资额度管理主要是指薪资关系的管理，包括本公司不同员工之间的薪资差别、本公司员工与其他公司员工的薪资差别等。

4.薪资策略所包含的范围较宽，人力资源部重点应考虑以下几种因素：

（1）竞争地位。

公司的薪资策略意味着企业在人才的竞争中所处的地位。本公司支付的薪资比同类公司相应职位的工资高、低，还是差不多，这依据公司的薪资策略。

（2）工资水平。

正式的薪资策略旨在说明工资水平的性质。有没有工资范围的规定；同样职位的员工，薪水是否相同；或者薪水，随着员工能力、年资、企业的需要、员工的评价是否有所不同。

（3）工资决定。

正式的薪资策略是表达各类职位的薪资的决定方式。工资水平的决定，是否是基于对其他企业相应职位的薪资调查。薪水决定是否来自于职位评价。

（4）工资调升。

薪资策略指公司员工调整薪水的基准，到底是源于通货膨胀、工作绩效、服务年资，还是三者兼而有之。

（5）起薪。

薪资策略指公司新加入员工的起薪金额。

（6）薪资变动。

薪资策略指由于晋升、降级、调职或职务变动所引起的个别员工薪资的变动。

（7）特别事项。

薪资策略还包括特别休假、节日、病假、丧假、缺勤、年资中断、加班、临时工作安排、服役、临时职务、试用期间等特别情况下的工资支付。

员工年终奖金发放管理方案

一、年终奖金计算

1.年终奖金点数，按年资与当年度考绩两者评估而得。

2.每点奖金数，以其全薪之25%为计算基准（注：全薪系包括本薪、津贴、全勤及相关名目金额等的合计）。

二、工作绩效考核

1.各部门人员考绩总平均分数不得超过85分。

2.各部门一级主管若认为该部门本年度绩效卓著，经呈报总经理批示，不受平均数85分之限制，但其最高数不得超过88

分（含）。

3.各部门人员总数在5人以下（含）者，其特等考绩人数限为1名；在6人以上者，其特等考绩人数限为2名。特等考绩的分数，不并入总平均分数的计算。

4.各人员考绩分数由该部门最高主管评定，统一呈交总经理复核后定之。

三、年资规定

1. 年资计算起始日，以到公司开始上班日为基准，含试用期。

2.员工中途离职、再回公司任职者，其年资以过去年资之1/5计算。

3. 员工中途调任至本公司其他相关关系企业，其过去年资仍予承认。

四、年终奖金发放

年终奖金的发放，原则上按第二条为准。公司该年度若盈余状况良好，则要由总经理裁定，按每人原有年终奖金金额的1～1.3倍计算（示例：某员工年终奖金为400元，加发至1.2倍，则该员工合计可得400×1.2=480元）。

五、附则

1.考绩定等按考绩办法处理。

2.年终奖金一律在春节前3日发给。

3.本方案呈交总经理核定后，自×年度起正式执行。

第十一章

人事变动管理
规范文本

人员调整管理制度

人员调动管理制度

第一条　为配合公司的经营需要，随时调整公司结构，调动公司内部员工，特制定本制度。

第二条　各单位主管依其管辖内所属员工的个性、学识和能力，力求人尽其才，以达到人与事相互配合，可填具人事调动单呈核派调。

第三条　奉调员工接到调任通知后，单位主管人员应于10日内，其他人员应于7日内办妥移交手续就任新职。前项奉调员工由于所管事物特别繁杂，无法如期办妥移交手续时，可酌情予以延长，最长以15日为限。

第四条　奉调员工可比照差旅费支给办法报支差旅费。其随往的直系眷属凭乘车证明实支交通费，但以5人为限。搬运家具的运费，可检附单据及单位主管证明报支。

第五条　奉调员工离开原职时，应办妥移交手续才能赴新职单位报到，不能按时办理完移交手续者应呈准延期办理移交手续，否则，以移交不清论处。

第六条　调任员工在新任者未到职前，所遗留的职务可由其直属主管暂时代理。

人员辞退、辞职管理制度

员工辞退管理规定

第一条　目的。

为了提高员工整体素质，以促进公司业务的稳定发展，保证公司人力资源管理的严肃性和公正性，特制定本规定。

第二条　范围。

本规定适用于公司总部及所有驻外机构正式员工，具有独立法人资格的子公司、合资合作公司也可参照执行。

第三条　定义。

辞退是指公司根据相关的规章制度、管理规定或聘用协议，由公司决定终止再聘用该员工的行为。

第四条　辞退员工的条件。

具有下列情形之一的员工，部门主管可提出辞退建议：

1. 试用期未满，被证明不符合录用条件或能力较差、表现不佳而不能保质完成工作任务的。

2. 严重失职、营私舞弊、贪污腐化或有其他不良行为，对公司利益或声誉造成损害的。

3. 严重违反劳动纪律或公司规章制度的。

4. 对公司有严重欺骗行为的。

5. 因触犯法律而被拘留、劳教、逮捕或判刑的。

6. 患有非本职工作引起的疾病或非因公负伤，医疗期满后，经医疗部门证实身体不适、不能胜任本职工作的。

7. 工作能力明显不适应工作要求，在内部劳动力市场又找不到合适工作的。

8. 参加岗位适应性培训后考核仍不合格或在内部劳动力市场找不到合适工作的。

9. 经过岗位适应性培训后，上岗工作表现仍然较差的。

10. 劳动态度差，缺乏工作责任心和主动性的。

11. 泄漏商业或技术秘密，使公司蒙受重大损失的。

第五条 辞退员工的流程。

辞退员工须按如下流程操作：

1. 部门主管根据公司规定的辞退条件，实事求是地对员工的实际能力、表现或某些特定的事实，提出辞退建议，填写"员工辞退建议及评审报告单"（简称"报告单"）。

2. 二级部门经理接到"报告单"后，调查了解相关情况，进行条件审查，如果符合条例辞退条件，签署意见后报一级部门管理部。

3. 一级部门管理部接到"报告单"后，必须与拟辞退员工谈话，了解拟辞退员工的思想反应和意见，再根据实际情况确认是否需要辞退。如确认需辞退的，管理部负责人签署辞退意见。如属不应辞退的，与有关部门主管沟通后，协商安排工作。

4. 如果拟辞退员工为钟点工，应将一级部门管理者签署意见的"报告单"提请一级部门经理办公会议讨论，给出处理意见。

5. 如果拟辞退员工为试用期员工，应将"报告单"送交人力资源部。人力资源部在收到"报告单"后，需进行适当的调查和确认，与拟辞退员工谈话，了解拟辞退员工的思想反应和意见。根据实际情况如确认需要辞退的，签署意见后送人力资源部总监核查审批。如属不应辞退的，人力资源部要与相关部门主管沟通，协商解决办法。

6. 对被辞退人员的处理要经人力资源部备案。

7. 由部门主管通告被辞退员工办理辞退手续。

8. 完成以上流程有以下时限要求：

（1）二级部门经理收到"报告单"后，在两个工作日内作出明确答复。

（2）管理部和一级部门主管收到"报告单"后，在3个工作日内作出明确答复，相关人员联合签署意见后，将"报告单"送人力资源部。

（3）人力资源部收到"报告单"后，在3个工作日内调查确认。

（4）公司总裁签署意见后，人力资源部在5个工作日内协调解决问题。

9．申诉。拟辞退的员工有权按公司规定的申诉方式进行申诉，但不得扰乱正常的工作秩序，不得扰乱公司领导的工作。

第六条 违反上述规定的处理办法。

1．如果管理者未按公司规定而随意辞退员工，经人力资源管理部查证后，提出对管理者的考核意见。

2．符合公司规定的辞退条件，而部门主管不及时提出辞退建议，致使造成不良后果或不良影响的，相关人员要承担相应责任。

第七条 附则

本规定自签署之日起生效，由人力资源部负责解释和修改。

员工离职、退休管理制度

员工离职办理移交制度

第一条 本制度依据公司人力资源管理制度而制定。

第二条 本公司员工经离职或调职时应办理移交，除另有规定外均依本制度办理。

第三条 本公司员工的移交分下列级别：

1. 主管人员：是指部门经理、主管、组长。

2. 经管人员：是指直接经管某种财务或某种事务的人员。

第四条 移交事项规定如下：

1. 造具移交清册或报告书（格式另定）。

2. 交还所领用或保管的公用物品（如簿册、书类、图表、文具、印章等）。

3. 应办未办及已办未结的事项应交代清楚。

4. 其他专案移交事项。

第五条 主管人员的移交清册应由该层次人员或经管人员编造，经管人员移交清册应自行编造，并均由各有关人员加盖印章，一式三份，一份送人力资源部，另两份分别由移交人和接管人留存。

第六条　移交清册应合订一册，移交人、接管人、监交人分别签名盖章。

第七条　各级人员移交应亲自办理，若是调任或重病或其他特别原因不能亲自办理时，可委托有关人员代为办理，对所有一切责任仍由原移交人员负责。

第八条　前任人员在规定或核准移交期限届满，未将移交清册送齐，致使后任人员无法接收或短交遗漏事项，经通知仍不依限补交者，应由后任人员会同监交人员呈报，以逾期不移交或移交不清论，徇情不报的，会同有关部门予以处理。

第九条　后任人员核对或盘查交案，发现亏损、舞弊时，应会同监交人员或单独汇报上级。若有隐匿，应会同有关部门予以处理，且其前任负连带赔偿责任。

第十条　本制度经董事长核准后施行，修改时亦同。

员工退休管理规定

第一条　本公司所属员工的退休，除另有规定或特殊情况外，均依本规定进行管理。

第二条　本公司员工退休分下列两种情况：

1. 自愿退休。

2. 命令退休。

第三条　本公司员工有下列情形之一者，可自愿退休，但因需要可酌情延缓。

1. 服务期满15年，年满60岁者。

2.服务期满25年，成绩优异，年满50岁者。

3.服务期满10年，年满50岁，因身体衰弱不堪任职者，但需有公立或指定医院诊断证明。

第四条 对于前一条中的年龄规定，可根据工作性质酌情减低，但不得小于50岁。

第五条 本公司员工具有下列情况之一者，应命令退休：

1.年满60岁者。

2.因工伤致残、衰弱或心神丧失不堪任职者。

3.因病长期未能治愈者。

第六条 员工满60岁，尚能胜任工作且公司确实需要者，可暂缓退休。一般以2年为一延长期，以2期为限。

第七条 因病退休员工病愈后，可凭医院诊断证明申请复职。但准予复用后发现仍不堪胜任时，应令其退休。

第八条 前条准予留用的人员，如经发现不能胜任现职的，应命令退职。

第九条 按本规定退休的员工，照下列规定，核发一次性退休金及每月退休金：

1.符合第三条或第五条第三款的规定，且服务满10年的，给予一次性退休金及每月退休金。

2.服务不满10年的，给予一次性退休金。

3.按第五条第二款或第三条规定的命令退休者，按其留用年资，给予一次性退休金，并可按前面的年资，核发每月退休金，但第五条第3款人员，留用后按以前计算年资不满10年的，不给每月退休金。

第十条　前条所规定的退休金，由核准退休的机构支给，该机构不存在时，由其兼并企业或上级机构支给。

第十一条　退休金的数额，按退休人员最后在职时的月薪及职务津贴合计为1个月退休金应给的数额。

第十二条　现职人员待遇如有调整，前条每月退休金的数额，要按退休人员退休时薪级比例调整。

第十三条　凡支给日薪的，累积30日为月薪，退休金的尾数，以元为单位，不及1元的，按1元计算。

第十四条　本公司员工自愿退休，应填写"退休申请书"，并取得同业任职2年以上在职人员的保证，连同服务资历表及有关证明，由原服务单位呈报本公司批准。

第十五条　凡核准退休，应支给每月退休金。同时发给每月退休受领证书及领款表，凭证支给每月退休金。但命令退休的，要免填退休申请书。

第十六条　请领退休金的权利，自退休的次月起，经过5年而不行使则取消。

第十七条　退休金的给予，按下列规定执行：

1. 一次性退休金：于退休离职之日起给领。

2. 每月退休金：自退休离职的次月起，按月支给，权利丧失或停止的次月起终止。

第十八条 本规定第五条第二款规定的命令退休人员，要呈本公司核准增加其每月退休金的数额，但最多以增加20%为限。

第十九条 本公司员工的退休，要按照员工国内出差差旅费规定，核发本人及眷属回籍旅费。

第二十条 凡退休回籍的员工，不能亲自受领其每月退休金的，要由邮局寄送。

第二十一条 本公司员工退休，其在本公司各机构实际服务及调用的年资，要合并计算。

第二十二条 退休金的享用权，不得扣押、转让或提供担保。

第二十三条 本公司员工亡故，要按本公司员工抚恤规定给予抚恤费，但退休期间不能作为服务年资。

第二十四条 退休人员有下列情形之一的，取消其领受退休金的权利，其领受每月退休金的受领证书及认领表，应立即缴销。如延期未缴销，甚至有冒领行为，应由保证人负责赔偿。

1. 对本公司有不忠实行为的。

2. 经司法机关通缉备案的。

3. 被剥夺政治权利终身的。

4. 领受人亡故的。

第二十五条 前条停止领受退休金的权利消失时，可以取回保证及有关证明，申请次月起恢复其退休金领受权。

第二十六条　每月退休金受领证书或领款表如遗失或损毁，应详述作废声明，呈报总公司核准补发或换发。

第二十七条　本规定第五条所称的心神丧失，指疯癫不能治愈的；所称身体残废，指有下列情形之一的：

1.视力丧失。

2.听力丧失。

3.说话能力丧失。

4.一肢体以上丧失。

5.其他主要功能丧失。

第二十八条　本规定第五条所称因工伤病，指具有下列情形之一的：

1.因履行职务以致伤残。

2.因尽力职务积劳成疾。

3.因出差遇险以致伤病。

4.因办公往返或在办公场所遇意外、危险以致伤病。

5.非常时期尽职而遇意外危险以致意外伤病。

第二十九条　前条第2款所称"尽力职务"，须以3次考核成绩优异者为限。所称"积劳成疾"，以提交公立医院或其所属单位医疗机构的诊断书为限。

第三十条　本规定呈董事会通过后实施，修改时亦同。

人事变动管理文案

员工离职管理方案

一、为使公司员工离职有所依循，且使工作不受影响，公司人力资源部特制订本方案。

二、本公司员工不论何种原因离职，均依本方案办理。

三、员工离职区分

1. 辞职：因员工个人原因辞去工作。

2. 辞退（解雇）：员工因各种原因不能胜任其工作岗位或公司因不景气原因裁员。

3. 开除：严重违反规章制度或有违法犯罪行为。

4. 自动离职：员工无故旷工3日以上，自动脱离其工作岗位。

四、辞职者应提前1个月申请，主管级以上人员须提前1个半月申请，经理以上人员须提前两个月申请。

五、若辞职者平时工作成绩优秀，应由单位直属主管加以疏导挽留。如其去意坚决，可办停薪留职半年，但不发离职证件，目的是仍希望其再返公司效力。

六、离职手续

1. 普通员工离职，须持已批准的"离职申请单"和"移交清单"到各单位办理移交手续，办妥后，再送人力资源部审核。

2. 普通员工以上人员离职时，应向人力资源部索要"移交清单"3份，按"移交清单"内容规定，详细填入"移交清单"，办妥移交手续后，一份存原单位，一份由离职人保存，一份随同"离职申请单"及工卡一并交人力资源部门核定。

七、移交手续

1. 工作移交。

原有职务上保管及办理中的账册、文件（包括公司章则、技术资料、图样）等均应列入"移交清单"并移交指定的接替人员或有关部门，将已办而未办结的事项交代清楚（章则、技术资料、图样等类应交保管资料单位签收）。

2. 事务移交。

原领的工作服装交还总务部（使用1年以上的免交），原领的工具、文具（消耗性的除外）交还总务部或有关部门。上述交还物品不必列入"移交清单"，由接收部门经办人在离职单上签字证明即可。

3. 移交期限：5天。

八、离职人员办理移交时应由直属主管指定接替人接收；如未指定接收人时应临时指定人员先行接收保管，待人选确定后再转交；如无人可派时，暂由其主管自行接收。

九、各员工所列"移交清单"，应由其直属主管详加审查，不符之处，应及时更正；如离职人员正式离职后，发现财物、资料未交还或公司对外应收款项有亏欠未清的，应由该单位主管负责追索。

十、各种移交手续办妥后，方可领取薪金。薪金结算如下：

1. 本公司工作合同期满辞职者，除发给其正常工资外，另按《劳动法》规定予以补助。

2. 未满合同期而辞职者，发给其正常工资，无补助费。

3. 即辞即走者，扣除1个月工资；申请辞职期限不够1个月者，按比例扣除。

4. 自动离职者，不发任何薪金。对公司财物交接不清而擅自离开者，视情节轻重报送当地公安机关处理。

5. 辞退者，发给正常工资，另按《劳动法》规定予以补助。

6. 违纪开除者，按公司规章制度处分或罚款后，结算其正常工资；若有违法情节，报送公安机关处理。

员工离职程序

一、为规范员工离职手续的办理作业，特制定本程序。

二、申请离职员工须填写"离职申请单"。

三、离职员工为普通人员须经主管批准，若为主管级人员须经部门经理批准，主管级别以上人员须经总经理批准。

四、人力资源部收取离职人员的工作服、工作卡、暂住证等。

五、人力资源部依据考勤计算当月工资（按比例扣除暂住证费用），送财务部审核。

六、离职人员须交还所有公物（含各种资料、工具及所借公司物品），由文控室、仓库、总务等部门签核。

七、离职人员将宿舍门、柜的钥匙交还舍监，经舍监验证后签字。

八、离职人员办完以上手续后，交人力资源部签字，由主管核准。所有手续办理完毕后，财务部门才发放离职者的工资。

九、人力资源部通知保安检查离职人员离开时带走的行李。

十、人力资源部负责人事资料的变更，并将离职人员的考勤卡、请假卡、工资单等有关资料存入离职人员档案中，以备核查。

第十二章

客户管理规范文本

客户开发管理制度

新客户开发选择制度

第一条 新客户的选择原则。

1. 新客户必须具备满足本公司质量要求的设备和技术要求。

2. 新客户必须达到较高的经营水平，具有较强的财务能力和较好的信用。

3. 新客户必须具有积极的合作态度。

4. 新客户必须遵守双方在商业和技术上的保密原则。

5. 新客户的成本管理和成本水平必须符合本公司要求。

第二条 新客户选择程序。

1. 一般调查。

（1）候选客户向本公司提交公司沿革、公司概况、最新年度决算表、产品指南、产品目录等文件。

（2）与新客户的负责人交谈，进一步了解其生产经营情况、经营方针和对本公司的基本看法。

（3）新客户技术负责人与本公司技术和质量管理部门负责

人进一步商洽合作事宜。

2.实地调查。

根据一般调查的总体印象做出总体判断，看新客户是否符合上述条件，在此基础上，资材部会同技术、设计、质量管理等部门，对新客户进行实地调查。调查结束后，要提出新客户认定申请。

第三条 开发选择认定。

1.提出认定申请报告。

根据一般调查和实地调查的结果，向市场部主管正式提出新客户选择申请报告。该报告主要包括以下项目：

（1）与新客户交易的理由及今后交易的基本方针。

（2）交易商品目录与金额。

（3）调查资料与调查结果。

2.签订商品供应合同。

与所选定的新客户正式签订供货合同，签订合同者原则上应是本公司的资材部长和新客户的法人代表。

3.签订质量保证合同。

与供应合同同时签订的还有质量保证合同，其签订者同上。

4.设定新客户代码。

为新客户设定代码，进行有关登记准备。

5.其他事项。

将选定的新客户基本资料通知本公司相关部门，确定购货款的支付方式，新客户有关资料的存档。

新客户开发计划及管理实施办法

第一章　组织机构

第一条　为保证新客户开发计划顺利进行，使公司争取到更多的经销商，需要建立统一的组织协调机构。

第二条　新客户开发部作为主要的组织企划部门，负责计划的制订和组织实施。

第三条　营业部所辖各科室为具体实施部门。

第二章　新客户开发任务

第四条　确定新客户范围，选择新客户开发计划的主攻方向。

第五条　选定具体的新客户，其步骤是：

1.搜集资料，制作"潜在客户名录"。

2.分析潜在客户的情况，为新客户开发活动提供背景资料。

3.将上述资料分发给营业部。

第六条　实施新客户开发计划，主要是确定与潜在客户联系的渠道与方法。

第七条　召开会议，交流业务进展情况，总结经验，提出改进对策，布置下一阶段工作。

第三章　新客户开发业务活动

第八条　组织实施潜在客户调查计划。根据新客户开发部提供的"潜在客户名录"，选择主攻客户，然后确定销售人员，进行分工调查，以寻找最佳的开发渠道和方法。

第九条　对新客户进行信用调查。调查方法是，填制公司统一印制的新客户信用调查表。

第十条　根据调查结果，进行筛选评价，确定应重点开发的新客户。

第十一条　如调查结果有不详之处，应组织有关人员再次进行专项调查。

第十二条　向新客户开发部提出详细的新客户开发申请，得到同意后，即实施新客户开发计划。

第十三条　在调查过程中，如发现信用有问题的客户，有关人员须向上级汇报，请求终止对其业务洽谈。

第十四条　销售人员在与客户接触过程中，一方面要力争与其建立业务联系，另一方面要具体进行对其信用、经营、销售能力等方面的调查。

第十五条　销售人员在访问客户或进行业务洽谈前后，要填制"新客户开发安排及管理实施表"。

第十六条　根据实际进展情况，营业部主管应及时加以指导。

第十七条　营业部销售人员应通过填制"新客户开发日报表"，将每天的工作进展情况、取得的成绩和存在的问题向营业部主管反映。

客户信息管理制度

客户档案管理制度

第一条 目的。

本制度立足于建立完善的市场客户档案管理系统和客户档案管理规程，以提高营销效率、扩大市场占有率，与本公司交易伙伴建立长期稳定的业务联系。

第二条 适用范围。

公司过去、现在和未来的市场直接客户与间接客户都属本制度的适用范围。

第三条 客户档案管理内容。

1. 客户基础资料。

客户资料主要是通过营销人员对客户进行的电话访问和电子邮件访问搜集来的。在档案管理系统中，大多数以建立客户数据库的形式出现。

客户基础资料主要包括客户的基本情况、所有者、管理者、创立时间、与本公司交易时间、公司规模、资产等方面。

2. 客户特征。

服务区域、销售能力、发展潜力、公司文化、经营方针与政策、经营管理特点等。

3.业务状况。

主要包括目前及以往的销售实绩、经营管理者和业务人员的素质、与其他竞争公司的关系、与本公司的业务联系及合作态度等。

4.交易活动现状。

主要包括客户的销售活动状况、存在的问题、保持的优势、未来的对策、信誉与形象、信用状况、交易条件和以往出现的信用问题等。

第四条 客户档案管理方法。

1.建立客户档案系统。

本制度规定客户基础资料采用数据库的形式进行，取得形式如下：

（1）由销售代表在进行市场调查和客户访问时进行整理汇总。

（2）向客户邮寄客户资料表，请客户填写。

（3）委托专业调查机构进行专项调查。

2.客户分类。

利用上述资料，将公司拥有的客户进行科学分类，目的在于提高销售效率，增加公司在市场上所占的份额。客户分类的主要内容包括：

（1）客户性质分类。分类的标识有多种，主要原则是便于销售业务的开展。可按客户所在行业、客户性质、客户地域、顾客类型划分。

（2）客户等级分类。本公司根据实际情况，确定客户等级标准，将现有客户分为不同的等级，以便于对客户进行渠道管理、销售管理和货款回收管理。

本制度规定客户等级分类标准如下：一是按客户与本公司的月平均销售额或年平均销售额分类；二是按客户的信用状况，将客户分为不同的信用等级。

（3）客户路序分类。为便于销售代表巡回访问、外出推销和组织发货，首先将客户划分为不同的区域，然后再将各区域内的客户按照经济合理原则划分出不同的路序。

3. 客户构成分析。

利用各种客户资料按照不同的标准将客户分类，分析其构成情况，以从客户角度全面把握本公司的营销状况，找出不足，确定营销重点，采取对策，提高营销效率。

客户构成分析的主要内容包括：

（1）销售构成分析。根据销售额等级分类，分析在本公司总销售额中，各类等级客户所占比重，并据此确定未来的营销重点。

（2）商品构成分析。通过分析本公司商品总销售量中各类商品所占比重，以确定对不同客户商品销售的重点和对策。

（3）地区构成分析。通过分析本公司总销售额中不同地区所占的比重，借以发现问题，提出对策，解决问题。

4.客户信用分析。

在客户信用等级分类的基础上，确定对不同客户的交易条件、信用限度额和交易业务信用处理办法。

第五条 客户档案管理应注意的问题。

1.客户档案管理应保持动态性，不断补充新资料。

2.客户档案管理应重点为公司选择新客户、开拓新市场提供资料。

3.客户档案管理应"用重于管"，提高档案系统的质量和效率。

4.客户档案系统应由专人负责管理，并确定严格的查阅和利用的管理办法。

客户名册管理制度

第一条 编制客户名册。

有关客户主要情况全部填写在客户名册之中，以利于本公司各种市场开拓计划和管理业务之用。

第二条 花名册种类。

1.客户名册。

（1）政府机构名册。

（2）特殊公司名册。

（3）普通公司名册。

2.顾客（个人）花名册。

3.交易伙伴花名册。

第三条 客户名册由业务部保管，作为销售计划制订的资料，以及销售活动管理的参考。

第四条 销售部门可向销售计划部门申请借阅名册，作为销售业务的参考资料。

第五条 名册填写的步骤：

1. 各销售代表按照事先规定的范例及范例中所包含的各项栏目和要求填写名册，然后统一交给业务部。

2. 业务部协助各销售代表，按要求正确填写。必要时，可由业务部牵头召开会议，讲解填写方法。

3. 业务部汇总客户名册后，逐一进行检查、审核和调查，对错误或不实之处，进行订正。

4. 在订正处盖上印，写上日期。

5. 客户名册原则上每两年增补或调整一次。

客户投诉管理制度

客户投诉处理办法

第一条 为保证客户对本公司商品销售所发生的客户投诉案件有统一规范的处理手续和方法，防范类似情况再次发生，特制定本办法。

第二条　本办法所指客户投诉案件系指出现第三条所列事项，即客户所提出的减价、退货、换货、无偿修理加工、损害赔偿、批评、建议等。

第三条　客户的正当投诉范围。

1.产品在质量上有缺陷。

2.产品规格、等级、数量等与合同规定或与货物清单不符。

3.产品技术规格超过允许误差范围。

4.产品在运输途中受到损坏。

5.因包装不良造成损坏。

6.存在其他质量问题或违反合同问题。

第四条　本公司各类人员对投诉案件的处理，应以谦恭礼貌、迅速周到为原则。各被投诉部门应尽力防范类似情况的再度发生。

第五条　业务部门所属机构职责。

1.确定投诉案件是否受理。

2.迅速发出处理通知，督促有关部门尽快解决。

3.根据有关资料，裁决有关争议事项。

4.尽快答复客户。

5.决定投诉处理之外的有关事项。

第六条　质量管理部门职责。

1.检查、审核投诉处理通知，确定具体的处理部门。

2. 组织投诉的调查分析。

3. 提交调查报告，分发给有关部门。

4. 填制投诉统计报表。

第七条 各营业部门接到投诉后，应确认其投诉理由是否成立，呈报上级主管裁定是否受理。如属客户原因，应迅速答复客户，婉转讲明理由，请客户谅解。

第八条 各营业部门对受理的投诉，应进行详细记录，并按下列原则做出妥善处理：

1. 凡属质量缺陷，规格、数量与合同不符，现品与样品不符，超过技术误差时，填制投诉记录卡，送质量管理部门。

2. 如纯属合同纠纷，应填制投诉记录卡，并附处理意见，送公司有关领导裁定处理。

3. 如属发货手续问题，依照内销业务处理办法规定处理。

第九条 质量管理部门在接到上述第1种情况的投诉记录卡时，要确定具体受理部门，指示受理部门调查，并将记录卡一份留存备查。

第十条 受理部门接到记录卡后，应迅速查明原因。以现场调查为原则，必要时要进行记录资料调查或实地调查。调查内容包括：

1. 投诉范围（数量、金额等）是否属实。

2. 投诉理由是否合理。

3. 投诉目的调查。

4. 投诉调查分析。

5. 客户要求是否正当。

6. 其他必要事项。

第十一条　受理部门将调查情况汇总，填制"投诉调查报告"，随同原投诉书一同交主管审核后，交质量管理部门。

第十二条　质量管理部门收到调查报告后，经整理审核，呈报营业部主管，回复受理部门。

第十三条　受理部门根据质量管理部意见，形成具体处理意见，报请上级主管审核。

第十四条　受理部门根据上级意见，以书面形式答复客户。

第十五条　客户投诉记录卡中应写明投诉客户名称、客户要求、受理时间和编号、受理部门处理意见。

第十六条　客户投诉记录卡的投诉流程。

第一联存根，由营业部留存备查。

第二联通知，由营业部送交质量管理部。

第三联通知副本，由营业部报上级主管。

第四联调查报告，由受理部门调查后交质量管理部。

第五联答复，由质量管理部门接到调查报告，经审核整理后，连同调查报告回复受理部门。

第六联审核，由质量管理部门上报审核。

第十七条　调查报告内容包括发生原因、具体经过、具体责任者、结论、对策和防范措施。

第十八条 投诉处理中的折价、赔偿处理依照有关销售业务处理规定处理。

第十九条 质量管理部门应于每月5日前填报投诉统计表，呈报上级审核。

客户抱怨处理办法

第一条 目的。

为了使客户迅速获得满意的服务，并对客户抱怨采取适当的处理措施，以维护公司信誉，谋求公司发展，特制定本办法。

第二条 范围。

已完成交货手续的本公司产品，遭受客户因质量不符或不适用的抱怨。

第三条 客户抱怨的分类。

1.申诉：这种抱怨是客户对产品不满，或要求返工、更换、退货，处理后不需给予客户赔偿。

2.索赔：客户除要求对不良品加以处理外，并依契约规定要求本公司赔偿其损失，对于此种抱怨宜慎重且应迅速查明原因。

3.非属质量抱怨的：客户刻意找种种理由，抱怨产品质量不良，要求赔偿或减价，此种抱怨则非属本公司责任。

第四条 处理客户抱怨涉及的部门：业务部、质量管理部成品科及有关单位。

第五条 处理客户抱怨要点。

1.客户抱怨由业务部受理，先核对是否确有该批订货与出货，并经实地调查了解（必要时会同有关单位）确认责任属本公司后，即填妥"抱怨处理单"通知质量管理部调查分析。

2.质量管理部成品科调查成品检验记录表及有关此批产品的检验资料，查出真正的原因。如无法查出，则会同有关单位查明。

3.查明原因后，会同有关单位，针对原因提出改善对策，防止再发。

4.会同有关单位，对客户抱怨提出处理建议，经总经理核准后，由业务部答复客户。

5.将资料回馈有关单位并归档。

第六条 本办法经质量管理委员会核定后实施，修正时亦同。

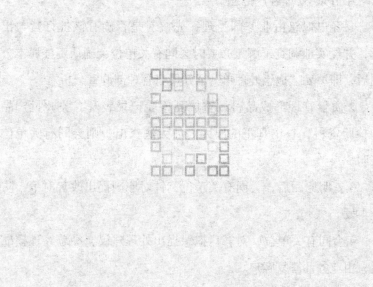